"中国丝绸文物分析与设计素材再造关键技术研究与应用"项目 (2013BAH58F00)

国家出版基金项目
NATIONAL PUBLICATION FOUNDATION

中国古代丝绸设计素材图系

ORNAMENTAL PATTERNS FROM ANCIENT CHINESE TEXTILES MOUNTING SILKS

装裱锦绫卷

赵丰◎总主编　　顾春华◎著

ZHEJIANG UNIVERSITY PRESS
浙江大学出版社

总　序

赵　丰

　　绸是中国古代最为重要的发明创造之一，距今已有五千多年的历史。自起源之日起，丝绸就是技术与艺术的完美结合。一方面，她是一项科学技术的创造发明。先人们栽桑养蚕，并让蚕吐丝结茧，巧布经纬将其织成锦绮，还用印花刺绣让虚幻仙境和真实自然在织物上体现。在这一过程中，就有着无数项创造发明，其中最为巧妙和重要的就是在提花机上装载了专门的花本控制织物图案，这直接启蒙了早期电报和计算机的编程设计。同时，丝绸印染也是我国古代科技史上的重大发明，汉代的雕版印花技术是最早的彩色套印技术，对印刷术的发明有直接的启发；而唐代的夹缬印染技术也是世界印染史上的一大创造发明，一直沿用至今。另一方面，丝绸更是一门艺术，一门与时尚密不可分的艺术。衣食住行衣为首，蚕丝纤维极好的服用性能和染色性能，使其色彩远较其他设计类型如青铜、瓷品等更为丰富。所以，丝绸能直接代表服用者的地位和特点，能直接代表人们对时尚和艺术的喜好；丝绸的艺术为东西方所推崇，成为古代中国最为重要、最受推崇的艺术设计门类。

　　与其他门类的文物相比，丝绸在中国历代均有丰富的遗存。最早的丝绸出土于五千多年前的新石器文化遗址中，在商周早期的各种遗存中也可以找到不少丝绸的实物。而完好精美的丝绸织绣服装在战国时期的墓葬中开始大量出现，如湖北的江陵马山楚墓、江西的李家坳东周墓。汉唐间的丝绸出土更是数量巨大、保存精好，特别是丝绸之路沿途出土的汉唐间的丝绸更为重要，其中包括了来自东西两个方向的丝绸珍品，丝绸图案中也体现了两种艺术源流的交融和发展。宋、元、明、清各代，除相当大数量的出土实物外，丝绸还有大量的传世实物。这些实物一部分保存在博物馆中，特别是如北京故宫博物院一类的皇家建筑之中；另一部分保存在布达拉宫等宗教建筑之中。这些丝绸文物连同更为大量的民间织绣，是中国丰富的文化遗产的一部分。

　　在丰富的实物遗存中，丝绸为我们留下了极好的设计素材，成为我们传承和创新的源泉。因此，由浙江凯喜雅集团和中国丝绸博物馆牵头，联合浙江大学、东华大学、浙江理工大学、浙江工业大学、浙江科技学院等高等院校，根据国家文化科技创新工程的要求，我们申报了"中国丝绸文物分析与设计素材再造关键技术研究与应用"项目（2013BAH58F00），开展了相关研究工作。其主要目的是加强高新技术与织造、印染、刺绣等中国传统工艺的有机结合，研究建立文化艺术品知识数据库，促进传统文化产业的优化与升级，在传承民族传统工艺特色的基础上，推陈出新，让古老的丝绸焕发新的生命力。

我们的项目从2013年开始，到2015年年底恰好三年，已基本完成。项目包括三个课题：一是丝绸文物信息提取与设计素材再造方法研究，二是丝绸文物专家系统研发，三是丝绸文物创新设计技术研究与技术示范。其中第一部分是中国丝绸文物的基本素材的收集与整理，这一课题的负责人是周旸，参与机构有中国丝绸博物馆、东华大学、浙江工业大学、浙江科技学院，其中设计素材部分的主要参加人员有王乐、徐铮、汪芳、赵帆、袁宣萍、苏淼、俞晓群、茅惠伟、顾春华、蒋玉秋、孙培彦等。我们按照收集的材料，把所有的设计素材整理分成十个部分出版。

这里，我们要感谢科技部和国家文物局站在历史和未来的高度提出这一文化科技创新项目的设计，感谢浙江省科技厅对我们申报这一项目的大力支持。感谢项目中三大课题组成员的相互配合，特别是感谢第一课题组各成员单位齐心合作，收集整理了数千件中国古代丝绸文物的设计素材。最后，我们也衷心感谢浙江大学出版社对中国丝绸博物馆和中国丝绸文化遗产保护的一贯支持，使得这一图系顺利出版。我们期待，这一图系能为祖国丝绸文化遗产的传承和发展起到应有的作用。

华彩增色——中国古书画装裱丝绸材料中的锦绫纹样

顾春华

书画装裱是中国古代文化的产物，是伴随书画传统艺术生发的一种特殊装潢工艺。装裱虽然只是书画作品主体的一个附属部分，但它与书画本身一样，承载了历史、艺术、人文等多方面的信息。一千多年来，它一直在不断丰富和完善，这一点我们可以从唐代张彦远的《历代名画记》、明代周嘉胄的《装潢志》、清代周二学的《赏延素心录》等著作中看到它的发展过程[①]。用于中国古代书画作品装裱的丝绸纹样有着独特的风格与特点，不仅与服饰织物、器物及其他图像中的纹样造型、色彩、规格等有所不同，而且还因书画形制的不同及具体装裱部位的不同而有所区别。

基于书画装裱丝绸纹样的独特性，本课题对北京故宫博物院、台北故宫博物院、上海博物馆、中国国家博物馆等国内博物馆及美国大都会艺术博物馆、美国圣路易斯艺术博物馆、美国弗利尔美术馆、大英博物馆、日本东京国立博物馆等世界各地博物馆收藏的部分古书画作品中的装裱丝绸纹样进行了收集与整理，课题中采用的书画作品信息及织物纹样信息主要来源于各大博物馆官方网站，其中，由北京故宫博物院、美国大都会艺术博物馆官方网站中收集的部分古书画作品装裱丝绸纹样采用最多。笔者将采集的装裱丝绸纹样进行了整理与分析，最终做成近 300 份表格，对古书画作品名称、年代、收藏地等基本信息，以及纹样名称、色彩配置、基本骨架、纹样复原等方面做了较为详细的记录。从这些表格中，挑出年代基本能够确定为民国以前的、且较为典型的丝绸纹样进行了复原，最终选取 142 幅锦绫纹样收录在本书中。

本课题研究的中国古代书画作品时间起自晋，终至清代，其中以宋代及明清时期的书画作品最为丰富。有的书画作品虽年代较为久远，但其装裱用丝绸不乏现代作品，因此，笔者需要对装裱丝绸纹样进行断代。由于历代书画屡

---

① 王以坤. 书画装潢沿革考 [M]. 北京：紫禁城出版社，1993：前言部分.

易其主，故多有残破损坏或因收藏者的不同好尚，往往经历了多次换装，一再揭裱，原装裱多已不复存在，因此对古书画作品装裱中的丝绸纹样进行断代较为困难。通过对众多装裱纹样的整理、分析与比对，就部分纹样与书画装裱文献记载的织物名及历代服饰材料、瓷器等其他载体上的同类型图案做比对研究，以此来确定装裱丝绸纹样的年代。

一、装裱形制

从中国古书画装裱形制来说，有手卷、立轴、册页、镜片、对联、屏风、成扇等多种，其中每一种形制又包含多种样式。鉴于装裱用丝绸材料纹样的代表性及典型性，本书探讨的装裱对象以手卷、立轴两种形制为主。

（一）手卷

"卷"一般是指裱成横长式样，可放桌上舒卷展阅，故称"手卷"，亦称"横看"。其本幅（画心）可长可短，唐·高闲《草书千字文》长达331.3厘米，称为"长卷"[①]；也可以将许多短幅连起来合裱成为一卷，如东晋·王羲之《十七帖》、东晋·王珣《伯远帖》、西晋·陆机《平复帖》，就是以许多帖合装成卷[②]。

1. 手卷的演变

手卷是竹简、木简、经卷、书卷形制的遗制。古代的文书图籍，如前汉《天文图》《兵家图》等都是以织物为底子而可以舒卷的卷子，即使竹木简册，亦是横穿纬带而卷起来的，秦汉的经卷、书卷，有用绢、帛、布、苎、粗麻纸上浆装背之举，这即是装卷的开始。

在各种书画装裱形制中，手卷出现最早，由于各个历史时期书画题材和纸张大小的不同，以及装裱材料、装裱技艺的不同，手卷的形式亦各有不同。晋代托裱工艺技术不佳，通常连接到3到4米才能成卷，卷的末端用木棒做轴，从左向右卷成一束。晋之后，书画装裱从手卷这唯一形式又繁衍出立轴、册页等其他形式。南北朝宋、齐、梁、陈四个时期对内府书画装裱进行了整理与改革，制定了卷轴长度及轴头、织带的标准。书卷以十纸为卷[③]，二丈（约6米）为度，以后历代手卷长度一般在二至三丈之间，主要是受南北朝宋明帝时期所定尺寸的影响。梁武帝时期，卷轴前部已有包首，后世供书写篇目题名的签条在梁代还未使用，直接题在包首上[④]。

隋唐书画卷装形式已很风行，手卷格式在最基本的形制上已不同程度的增减内容。明·杨慎《画品》中录《海岳书史》云："隋唐藏书皆金题玉躞，锦赠绣褫。金题，押头也；玉躞，轴心也。赠，卷首帖绫，又谓之玉池，又谓之赠。……有引首二色者曰双引首；标外加竹界曰打撅，其复首曰褾褫……卷之帙签曰检，又

---

①杜秉庄，杜子熊. 书画装裱技艺辑释[M]. 上海：上海书画出版社，2001：76.

②徐邦达. 四谈古书画鉴别——书画的装潢形制[J]. 故宫博物院院刊，1980(03)：23.

③按古尺算，书写纸是一尺宽、二尺长。

④王以坤. 书画装潢沿革考[M]. 北京：紫禁城出版社，1993：7-9.

曰排。《汉书·武帝纪》:'金泥玉检。'注:'检,一曰燕尾,今世书帖签。'《后汉·公孙瓒传》:'皂囊施捡。'注:'今俗谓之排。'此皆藏书画、职装潢所当知也。"按《海岳书史》解释,隋唐时期手卷已有下列部位组成:包首(褾褙)、签条(检或排)、天头(赎或玉池)、隔水(引首)、跋尾、玉轴头。自隋代起,卷轴有了跋尾,为名人题跋并保护画心之用,唐代开始画心逐渐与跋尾分开,隋唐有双色隔水,恐其一位于画心与跋尾之间①。

手卷形制以北宋宣和年间的"宣和装"最为工致精美,宣和装在前代手卷基本格式的基础上,其装裱更具艺术性和实用性,如在画心四周加镶小边,起到保护画心的作用。宣和装装裱变化较多,使得书画作品面目一新,得到帝王的赞赏、书画收藏家的喜爱及历史的承认,为以后的书画装裱确立了标准。手卷装裱原装实物能见到的较早期作品为北宋徽宗时代的"宣和装",但由于水、火、霉蛀的自然损坏及人为浩劫,加上历史的变迁,完整的宣和装装裱件已无法看到。另外,宋宣和时期出现了一种名曰"龙鳞装"的特殊手卷品式,虽外观为卷轴状,展开后则是层层相错的页子,与一般手卷形制较为不同。

明代手卷格式在宋代基础上有了进一步的补充与发展,最为典型的是画心前增加"引首"纸,用于鉴赏家、收藏家题字,引首纸品种为宋经笺、白宋笺、宋元花金笺、高丽纸等。引首在明代出现,有永乐年间程南云题首作证,五代·顾

阂中《韩熙载夜宴图》前引首有程南云题篆书"夜宴图"三字。明代手卷由天头、隔水、引首、隔水、画心、隔水、题跋拖尾等部分连接组成,此种格式经清代、民国流传至今。清代对历代书画的改装用双隔水,引首后、画心前有正、副隔水,原隔水为正,有乾隆御题的新隔水为副②,画心后、拖尾前亦有用正、副隔水的形式。为更有效地保护画心,拖尾有所加长。

2. 手卷的类别与品式

在各种书画形制中,手卷结构最为复杂,按其从右到左的排列顺序,一般由天头、副隔水、隔水、引首、隔水、画心、隔水、拖尾等多个部分构成,天头背面是包首部分。这些裱件部位按照上文所述经过相当长的历史时期才逐步形成、完善起来。包首位于手卷背面开头部分,一端与天杆相连,一端与覆背纸相接,其靠近天杆处常贴有狭长的签条,包首起着保护和装饰手卷的作用。天头位于手卷正面最右侧,与天杆相连,起着保护和装饰画心的作用。隔水、副隔水主要起着将天头、引首、画心、拖尾隔开的作用,使其不紧致连接在一起,达到分清眉目、增加美观、有层次感之作用③。

手卷按照其裱件部位使用的多少,尤其是正副隔水的不同使用,可形成多种手卷品式。其中最为复杂的品式是大镶手卷,其引首、画心和拖尾三部分都镶以隔水、副隔水并与天头一起以副隔水相连接。此种手卷结构囊括了所有裱件部位。

①王以坤.书画装潢沿革考[M].北京:紫禁城出版社,1993:12-16.
②傅东光.乾隆内府书画装潢初探[J].故宫博物院院刊,2005(2):120.
③杜秉庄,杜子熊.书画装裱技艺辑释[M].上海:上海书画出版社,2001:75-77.

（二）立轴

竖长形、方形或矩形的画幅多裱成立轴，舒展后可供张挂，适于室内布置，经久悬挂。立轴初成于唐代，南宋以后成为手卷之外的主要书画形制[1]。

1. 立轴的演变

盛唐时期书画艺术已取得较高成就，山水画兴起，手卷长而窄的形式无法使得画家尽情创作，故一种新的适应高大画稿的装裱形式——立轴，应时而生。另外，立轴可能源于手卷与屏风两种形制，王以坤在其《书画装潢沿革考》著作中论述到："唐代的挂轴形制是从卷轴形制演变而来，二者之间有许多相同相似之处，唐代挂轴可以看成是卷轴的竖挂，只不过略短而已。卷轴有天头，挂轴也有天头，并天杆用竹料；卷轴有拖尾，而挂轴则用地头代替，并采用与天头相同的绫料，做上下呼应，天地头的作用具有装饰性和保护性。"[2]张朋川在其著作中指出，"有许多样例表明，书画立式挂轴的形式乃是源于饰有书画的屏风"[3]，其主要原因在于，屏障上拆下来的竖长形画幅单片，经过重新装裱即可成为立轴的形制[4]。

唐代立轴画心两侧同手卷一样不镶边、套边，到北宋时期均已加镶小边，并在画心上下加装隔水（材料为绢或绫）。宋代宣和装立轴基本格式为：画心上下为绫隔水，再上镶天头、下镶地头。另外，宋代立轴有了"诗堂"的裱法，一般是为适应建筑的高度画心较短小时为之，诗堂多加于靠近画心的地方，主要用于书写与画心有关的诗文题跋。立轴加诗堂的形式，在明清时期较为流行，但亦有有识之人反对，如明·周嘉胄在《装潢志》之《式》中云："大画随宜，推广式之，惟忌用诗堂。……小幅短，亦不用诗堂。"[5]

2. 立轴的类别与品式

立轴是书画装裱形制中品式最为多样的一种，按其从上到下的顺序，一般由天杆、天头、隔水、画心、隔水、地头、地杆、轴头等组成，另外还有惊燕、诗堂，包首位于画幅的反面。惊燕为立轴天头上的装饰品，早期惊燕是活动的，在装裱的发展过程中，逐渐固定于天头之上，立轴中其他各种裱件部位功用基本同手卷。按照其天地头、隔水、诗堂等部位的搭配使用及色彩的不同，立轴传统品式主要有一色式、二色式、三色式、宣和装、诗堂装等。一色式是指裱件的天地头及边采用一种颜色；二色式是指裱件的天地头与隔水采用不同的色彩装裱（一般图案相同），其中宋代、明代、清代二色式装裱天头部分均加有惊燕。宋代宣和装立轴现无实物借鉴，此后历代有"仿"宣和装的格式，如明代"仿宋宣和装"：画心上下镶浅色隔水，四周镶边后，再接镶绫天地头。诗堂装主

①薛永年. 卷轴画史概说 [J]. 新美术，1993(3)：43.

②王以坤. 书画装潢沿革考 [M]. 北京：紫禁城出版社，1993：17-18.

③张朋川. 黄土上下——美术考古文萃 [M]. 济南：山东画报出版社，2006：218.

④张平. 书画装裱研究 [D]. 苏州大学 2009 届博士论文：29.

⑤杜秉庄，杜子熊. 书画装裱技艺辑释 [M]. 上海：上海书画出版社，2001：49.

要用于明清时期，其中明代立轴诗堂装主要有两种格式：一种是画心与诗堂之间加镶一绫条或绢条，诗堂上再接隔水、天头，其中隔水与诗堂和画心间的绫、绢条一致；另一种是画心上方直接镶诗堂①。

二、装裱用锦纹样的题材、色彩及其布局

用于装裱手卷、立轴两种书画形制的包首、天头、地头、隔水、副隔水等不同部位的丝绸材料主要有锦、绫、缂丝三类，不同的装裱部位使用的织物品种各具特点。包首主要材质为锦、缂丝，其中锦是使用量最为丰富的一种。包首锦图案以八达晕、天华锦等大型几何纹最为常见，尤其是天华锦图案类型变化较为丰富，其次使用量较多的为中小型几何纹及花卉纹，而动物纹、器物题材、气象题材类的图案使用则较少。手卷、立轴中的天头、隔水、副隔水等部位主要以绫织物为主要材料，绫图案以云凤鸟纹、云龙纹的使用最为大宗，其次为云凤纹、云鹤纹、朵花纹、几何花纹等。每种锦绫纹样包括多种图案类型，各具风格。因此，本书主要对装裱材料中的锦、绫纹样在题材、色彩、布局等方面做较为全面的分析。

现存的中国古代书画上的装裱材料锦大多为明清及以后生产的仿宋锦。宋锦依据工艺的精粗、用料的优劣、织物的薄厚及使用性能，分为重锦、细锦和匣锦，其中细锦和匣锦则广泛用于古书画手卷包首、册页面板等装裱。一般将明清时期仿宋代风格的织锦称为宋式锦，而将宋代生产的织锦称为宋代织锦。宋代织锦（宋锦），相传是在宋高宗南渡后，根据当时官服及书画装饰的需要而兴起的。宋锦质地甚薄，故宋时大量用于书画工艺装裱，历代书画收藏家、装潢家一直将宋锦作为手卷包首和册页面板的首选。宋锦花色极其丰富，书画装裱文献对此有着较多的记载。流传至今的书画用宋锦已属罕见，考古发现的宋代丝绸，锦类也所见不多。明清时期的宋式锦，其图案风格、组织结构和织造工艺等，在继承宋代织锦的基础上有了新的发展，以经纬线并用显现地纹与花纹，许多杂色小花锦，纹样秀美，用色柔和，形似仿宋，但在排列上比宋锦更为活泼自由。

（一）锦纹样题材

用于书画装裱的锦织物纹样题材非常广泛，包括几何纹、植物纹、动物纹、杂宝纹、云纹、文字等多种类型，每类纹样又涉及不同的内容，有的题材如文字、小型几何纹、花卉纹等还常作为其他主题纹样的辅纹出现，为避免重复，下文将按图案主题纹样类型分类论述。

1. 几何纹

几何纹是书画包首用锦纹样中最为常用、变化最为丰富的一种类型，包括八达晕、四达晕、天华锦等大型几何纹，球路纹、盘绦纹、连钱纹、琐纹、卍字纹等中小型几何纹。大型几何纹是在水平线、垂直线和对角线组成的

---

① 王以坤. 书画装潢沿革考 [M]. 北京：紫禁城出版社，1993：38.

基本骨格内填置圆形、方形等几何形，并在几何形内填饰龙、凤、花卉等各类主题纹样，在几何形周围的空地上主要填饰小型几何纹、杂宝等纹样。其中宋代晕锦地纹多为净地，或仅一二项杂宝，较为古朴、清雅，元代以后，空地上填充纹样种类增多至四五项杂宝，如金银锭、琐纹、连钱纹等①。几何纹图案规整，繁而不乱，素中有丽，艺术风格体现理性之美，中小型几何纹构图更为紧密，多象征吉祥意义。

（1）八达晕

八达晕锦是宋锦主要品种之一，产生于五代，在宋代有大规模生产，变化较多，当时有八花晕、银勾晕等。明锦中八达晕样式应用最多，清初八达晕虽组织结构仿效宋、明，但有所创造、发展，常将自然形纹样与几何形纹样相互补充，如在几何形骨架上添加写生花草，二者组合，给人耳目一新之感。八达晕锦纹样庄重华美，为中国古代书画装裱广泛采用，在明·张应文《清闷藏》、元·陶宗仪《南村辍耕录》及元·脱脱等编著的《宋史》（卷一百六十三）中多有八达晕锦的记载，可见八达晕锦在当时书画装裱中较为流行。八达晕锦主要以圆形和方形框架构成图案，按照框架组合方式的不同可分为圆形和方形、圆形和圆形此两种框架组合类型。

（2）四达晕

以圆形等几何形为框架，几何形四周骨架线向上下左右四个方向相连，称为四达晕。按照几何形框架组合方式的不同可分为方形、大

圆形与小圆形的交叉组合、大小圆形的交叉组合及圆形与菱形的交叉组合三种形式。四达晕框架内填充的适合纹样，主要有龙纹、凤纹、团寿纹等，周围空地上填饰纹样以卍字纹为主。大型几何纹中四达晕图案的使用最少，其图案布局、色彩及填充纹样不如八达晕和天华锦变化丰富。

（3）天华锦

天华锦源于宋代的八达晕锦，与四达晕布局较为相似，只是不具有明显的骨架线。天华锦花纹较为繁复、华美，整体效果和谐统一，除用于古书画包首，还多见于明清两代的佛经经面。按照构成天华锦纹样几何骨架形态的不同，具体可分为八角形填花型天华锦、菱形填花型天华锦、方形填花型天华锦、龟背填花型天华锦、四合如意天华锦等五种类型。一般在主体几何骨架中，填织较大的主题纹样，形成主花突出、变化多样的满地锦式纹。

（4）球路纹

球路纹是唐联珠纹、团花纹的发展变格，两宋时期十分流行，书画装裱文献明·张应文《清闷藏》、明·方以智《通雅》卷三十二《器用》及元·陶宗仪《南村辍耕录》对球路锦有多处记载。球路纹是以一个大圆为中心，上下左右配以小圆，大小圆形中间填饰纹样的图案形式。球路锦因大圆与小圆相交的不同形态可分为小圆与大圆呈相交形式的球路纹、小圆与大圆呈相切形式的球路纹及相同大小圆形相交而成的球路纹三种布局形式，其中大圆与小圆

---

①武敏.织绣[M].台北：幼狮文化事业有限公司，1992：177.

相交或相切的两种布局为书画装裱球路锦常用图式。

（5）盘绦纹

盘绦纹在唐代已有，是以绦带状线条相互勾连而形成的纹样。盘绦内填织纹样，或为海棠、勾莲等四季花卉纹，或为龙纹等动物纹。作为书画包首，锦盘绦纹数量不多，不如球路纹多见。

（6）菱格纹

菱格纹在包首锦纹样中的使用主要有三种形式：一是常作为八达晕等大型几何纹地纹的填饰纹样；二是菱格填花纹，即菱形作为骨格，内部填饰团寿、朵花、几何纹、蝙蝠等纹样；三是大小不同的菱格作为主题纹样，单独构成图案。

（7）方格纹

方格纹是以水平线和垂直线相交而成的纹样，在包首锦纹样中的使用亦主要有三种形式：一是以方形为骨格、内填纹样的形式，此种类型的图案不如菱格填花纹多见。另外，包首锦纹样中方格填花纹有明确方形骨格线的很少，主要是无明显骨格线的图案形式。二是方格作为主题纹样，单独构成图案，此种纹样一般称为蛇皮纹。三是方格纹作为其他图案中的地纹形式。

（8）龟背纹

锦纹样中龟背纹使用较多，主要有两种形式：一是龟背纹作为几何骨格，内部填饰纹样，作为主题纹样单独构成图案；二是龟背纹作为

大型几何纹八达晕、天华锦等图案的地纹，此种使用形式的龟背纹最为常见。

（9）小型几何纹

小型几何纹风格精细，为书画装裱中常见纹样，是宋式锦的典型代表，如琐纹、卍字不断头纹、矩纹、簟纹等。小型几何纹单纯由水平线、垂直线等几何线条直接构成纹样，单元纹样较小。在锦纹样中的使用通常有两种形式：一是作为大型几何纹、花卉纹、动物纹等的辅助纹样或地纹使用；二是作为主题纹样，单独构成图案。

2. 植物纹

植物纹是书画装裱锦纹样中除几何纹以外使用最多的一种题材，包括花卉纹、果实类及蔓草纹三类。其中以花卉纹最为丰富，石榴、桃子等果实类纹样多与莲花、菊花等花卉纹共同构成图案。

装裱文献中对植物纹图案的使用亦有多处记载，如很多直接以植物纹命名的锦织物名称："大花""紫汤荷花""青樱桃""红遍地杂花""红遍地芙蓉""倒仙牡丹""黄地碧牡丹方胜"[1]等。由此可见，花卉纹题材在装裱用锦图案中的使用较为常见及丰富。

（1）花卉纹

花卉纹包括写实花卉纹和抽象花卉纹两类，其中以写实花卉纹数量最多。写实花卉纹包括牡丹、菊花、莲花、芙蓉花、梅花等多种题材，其中有的以一种花卉作为主题纹样构成图案，更多的是多种花卉同时作为主题纹样构成图

---

① 元·陶宗仪《南村辍耕录》卷二十三《书画裱轴》.

案。多种花卉纹题材的组合图案，包括两种花卉、三种花卉及四种花卉的组合类型，如莲花与菊花的组合，牡丹与莲花的组合，牡丹、莲花与海棠花的组合，牡丹、莲花与菊花的组合，牡丹、菊花、梅花、莲花的组合及牡丹、芙蓉、莲花与菊花的组合等多种类型。这些花卉纹有的填饰在清地上，有的填饰在曲水纹等几何地纹上，具有不同的层次变化。抽象花卉纹按照其形态大小分为两种类型：一类为花纹大一些的团花，一类为花纹小一些的朵花。朵花造型主要有四瓣朵花、六瓣朵花、米字型朵花、十字型朵花、圆形朵花等多种形式。这两类花纹常组合在一起构成图案。

（2）果实类

以果实类题材作为主题纹样的图案比花卉纹要少得多，涉及的题材主要有石榴、桃子、葡萄等。果实类纹样的使用主要有两种形式：一是单独构成图案，较为少见；二是常与花卉、佛手、蝙蝠、杂宝等组合，构成具有一定吉祥寓意的图案。

（3）蔓草纹

蔓草纹是指以花、草为题材，加以图案化成主题纹饰的一类图案。蔓草纹在隋唐时期最为流行，故又有"唐草"之称，明清时期其外形演变日趋完善丰富，成为一种富有特色的装饰图案。蔓草长青，且连绵不断，寓长寿之意，在书画装裱纹样中较为常见，多为清代作品或具有清代织锦风格的四合蔓草纹锦。

3. 动物纹

动物纹不如几何纹和花卉纹普遍，主要以龙、凤等神祇题材为主，还有少量的仙鹤纹、蝙蝠纹。动物纹很少单独构成纹样，多与云纹、几何纹等组合构成装裱纹样。其中龙、凤等动物题材在书画装裱文献中有较多记载，自古以来，龙是中国古代的吉祥神瑞，被视为中华民族的图腾，是丝绸织物中不可缺少的装饰纹样。在中国古书画装裱的锦、绫、缂丝三大丝绸材料中，龙纹图案都有所使用，其中以绫织物中的龙纹最为常见。锦纹样中作为主题纹样的龙纹数量不多，但与凤纹、仙鹤等其他动物纹相比数量较多，另外，还有夔龙、螭龙等种类，多与凤纹一起构成图案。

4. 杂宝纹

杂宝包括方胜、金锭、银锭、古钱、火珠、犀角、灵芝、珊瑚、石磬、如意、艾叶等，其中古钱、金锭、银锭、犀角、灵芝、方胜等在锦纹样中较为常见。杂宝纹的使用主要有三种形式：一是古钱等杂宝纹常作为八达晕、天华锦等几何纹样中的地纹使用，此种使用形式最为常见；二是作为主题纹样构成图案；三是作为辅纹与仙鹤、暗八仙等纹样一起构成图案。

5. 云纹

云纹在锦纹样中的表现较为图案化，其使用主要有两种形式：一是独立作为主题纹样构成图案，此种云纹图案非常少见；二是作为龙纹、凤纹、仙鹤纹等的辅助纹样。云纹是动物纹中重要的辅助纹样，有朵云、团云、连云、流云等多种形态。

6. 文字

锦纹样中使用的文字主要有卍字和"寿"

字。卍字纹的使用主要有两种形式：一种为由卍字组成的卍字不断头纹，有时单独作为主题纹样，有时作为地纹使用；第二种为卍字作为辅纹，填饰在八达晕、天华锦、龟背纹等几何纹中，此种形式的卍字纹使用最为丰富。"寿"字一般多作为主题纹样与其他纹样共同构成图案，且多以团寿的形式出现。

（二）锦纹样色彩

装裱用锦纹样类型及风格非常丰富，有的为宋代风格，有的为典型的明清风格，色彩的使用亦各具特征。不同类型的纹样采用的色彩配置方法亦不同，有的采用晕色的方法表现；有的纹样配色鲜艳，对比强烈；有的纹样则采用不同色相的深浅两色搭配，其中以晕色方法表现的纹样色彩最为丰富。所谓"晕"主要是指采用微妙的色阶变化来表现色彩的浓淡、层次和节奏。晕色方法有两种：一是同类色的明度变化，即由深逐渐至浅或由浅逐渐至深，加以退晕；二是不同色相不同深浅的配置，通过色阶变化使得整个图案具有一定的层次感和节奏感，最多的色彩使用达到十几种之多。

锦织物中采用晕色方法配置色彩纹样的主要为八达晕、四达晕、天华锦等，这些几何纹样多采用一种或两种不同明度与纯度的色调作为主色调，再以金色、黄色、橘红色、绿色等艳丽的色彩加以点缀，配色和谐统一而富有变化。其中有的纹样色阶层次较为丰富，采用的主色调及点缀色较多，通过主色调多种明度与纯度的变化表现纹样；有的纹样色阶层次则相对较少。

锦纹样中还有一些采用多种较为艳丽的色彩构成图案的主色调，效果光彩夺目，图案节奏感较弱。采用此种配色方式的纹样主要有中型几何纹、花卉纹及少量云纹、动物纹。这些纹样中涉及的色调主要有蓝色、天蓝色、绿色、果绿色、黄色、橘黄色、红色等。其中有的纹样地色较为鲜艳；有的纹样花色较为鲜艳；有的纹样对比色使用较为明显，色彩对比强烈；有的纹样色彩较为中性，少量鲜艳色调作为点缀。

部分锦纹样仅用两种色调表现，如卍字纹、琐纹等小锦图案，配色简单，具体色彩的使用分为以下两种情况：一种为采用不同色相的深浅两色搭配，此种类型的纹样较多，其中有的纹样地色较深，花色为浅色，色彩配置中金色、黄色与其他色调的组合最为多见。一种为采用同一色相不同明度的两种色彩搭配，此种色彩配置的纹样较少，如驼色地与浅驼色花纹的搭配。

（三）锦纹样布局

装裱用锦纹样布局主要为四方连续形式，这些四方连续纹样依据不同的单元纹样形态及组合方式，具体布局又可分为几何排列、二二正排、二二错排、连缀延续式排列四种形式①。

1. 几何排列

几何排列是锦纹样布局设计中较为重要的一种形式，主要分为两种类型：第一类为复杂的几何排列布局，以圆形、方形、菱形、八角形等几何形为骨架，在骨架内填饰动物纹、花卉纹、小型几何纹等，如八达晕、四达晕、天花锦、球路纹等纹样布局；第二类为图案骨架本身既是纹样造型，亦是纹样布局，单位纹样向上下左右延续直接构成纹样，常用的单位纹样有卍字纹、龟背纹、矩纹、琐纹、簟纹等。

几何排列布局

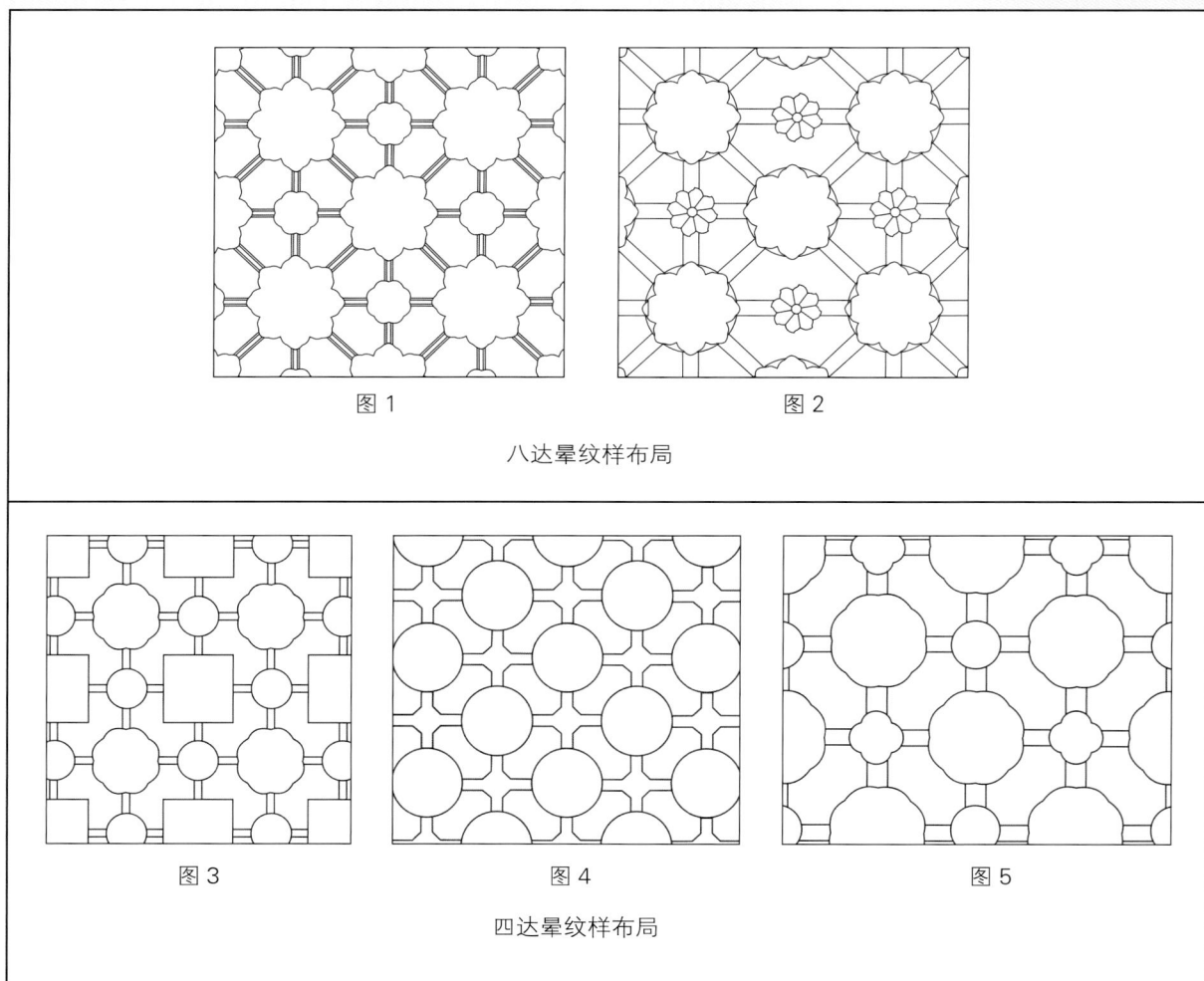

图 1　　　　　　　　　　　　　　图 2

八达晕纹样布局

图 3　　　　　　　图 4　　　　　　　图 5

四达晕纹样布局

①以下纹样布局图中 "A" "B" 等大写字母代表不同的主题纹样，小写字母 "a" 代表二级纹样（辅纹），箭头代表禽鸟飞向或主题纹样方向，网格线代表各种几何纹地纹。其中圆形、椭圆形、方形等几何形为主题纹样概括示意图，虚线表示纹样对齐方式。

几何排列布局（续上页）

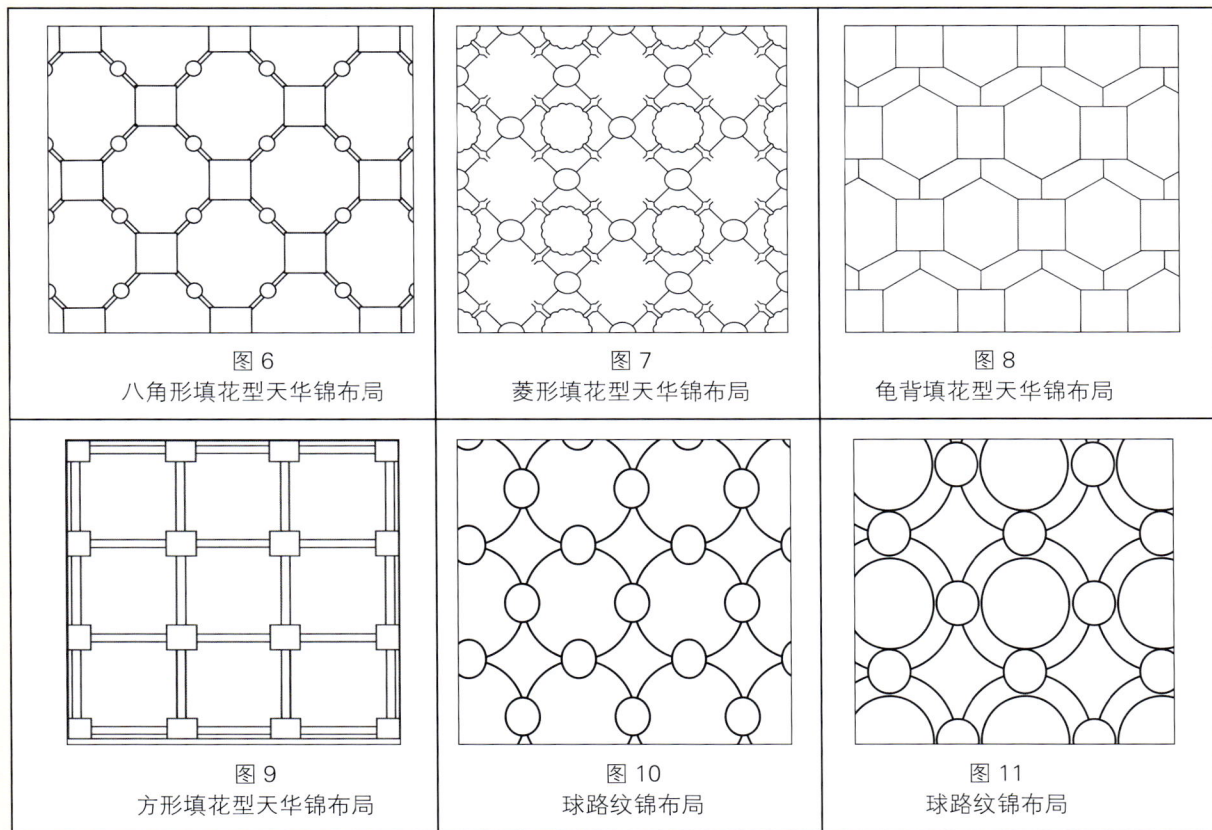

图 6
八角形填花型天华锦布局

图 7
菱形填花型天华锦布局

图 8
龟背填花型天华锦布局

图 9
方形填花型天华锦布局

图 10
球路纹锦布局

图 11
球路纹锦布局

2. 二二正排

所有的主题纹样按经线和纬线严格排列，称为二二正排[①]。此种排列布局的纹样较严整规矩，但稍显呆板。在书画装裱锦织物中，二二正排布局的纹样数量相对较少，依据单元纹样的形态，主要分为单元纹样为矩形的二二正排与单元纹样为散点的二二正排两种形式。单元纹样为矩形的二二正排图案目前只发现"杂宝鹤纹锦"一例，其单元纹样的构成较为特殊，由多种题材构成，与主题纹样仙鹤组成矩形单元纹样，排列构成四方连续纹样。单元纹样为散点分布的二二正排图案，主要为两种不同的主题纹样在纵向或横向排列构成纹样，有的还有二级纹样穿插其中，单元纹样大小相同或相近。散点单元纹样按其形态分为团纹类散点、禽鸟类散点、折枝类散点三种形式。团纹的构成因题材的不同而有多种形式，团龙、团凤是最常见的形式，还有一种外形为圆形的几何纹。

①赵丰.辽代丝绸[M].香港：沐文堂美术出版社有限公司，2004：174.

二二正排布局

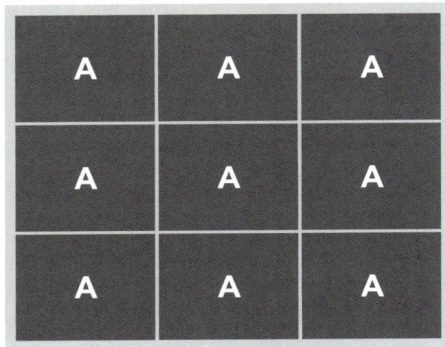
图 12
单元纹样为矩形的二二正排

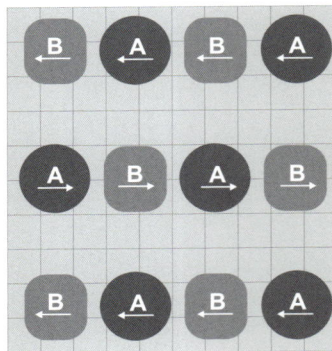
图 13
团纹类散点的二二正排

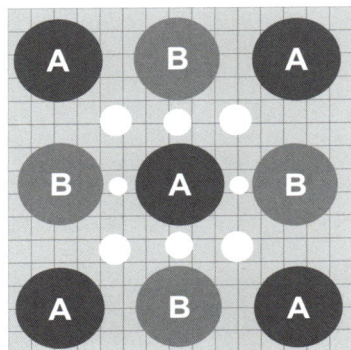
图 14
团纹类散点的二二正排

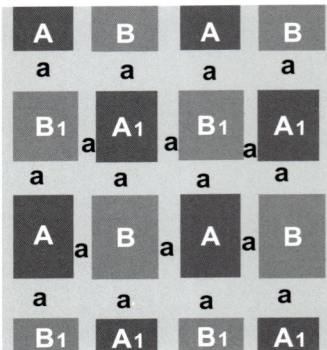
图 15
禽鸟类与折枝类散点的二二正排

3. 二二错排

二二错排指上下相邻两排单元纹样错开排列的布局，一般两排或两列一循环。相比二二正排布局的单调，二二错排较为灵活多变。上下两排单元纹样相错的位置，主要有三种：有的上下完全错开，有的错开二分之一，有的略错开一点。二二错排布局图案中的单元纹样多为散点状，亦分为团纹类散点、折枝类散点、禽鸟类散点三种类型。同幅图案中不同的单元纹样有的大小相同或相近，有的大小差别较大，散点的分布亦有疏有密。团纹类散点的二二错

排是最常见的一种二二错排布局，其单元纹样的构成，有的只有一种主题纹样，有的为两种不同的主题，有的图案中还有一些二级纹样穿插排列在主题纹样之间。折枝类散点二二错排布局中由于其单元纹样外形较为自由，构成的图案布局较为活跃，尤其是多个折枝单元纹样的组合，穿插自如。折枝类散点图案布局亦分为一种主题纹样的二二错排、两种主题纹样二二错排与多种主题纹样二二错排等几种形式，其中多种主题纹样的组合排列是折枝类散点图案构成中数量最多的。多种折枝花纹散点分布，

排列密集，纹样大小有的相近，有的相差较大，图案骨架不如一种和两种主题纹样明确。禽鸟类散点二二错排布局的锦纹样较少，此种布局的主题纹样多为龙、凤，一般穿插云纹、折枝花等二级纹样排列。

二二错排布局

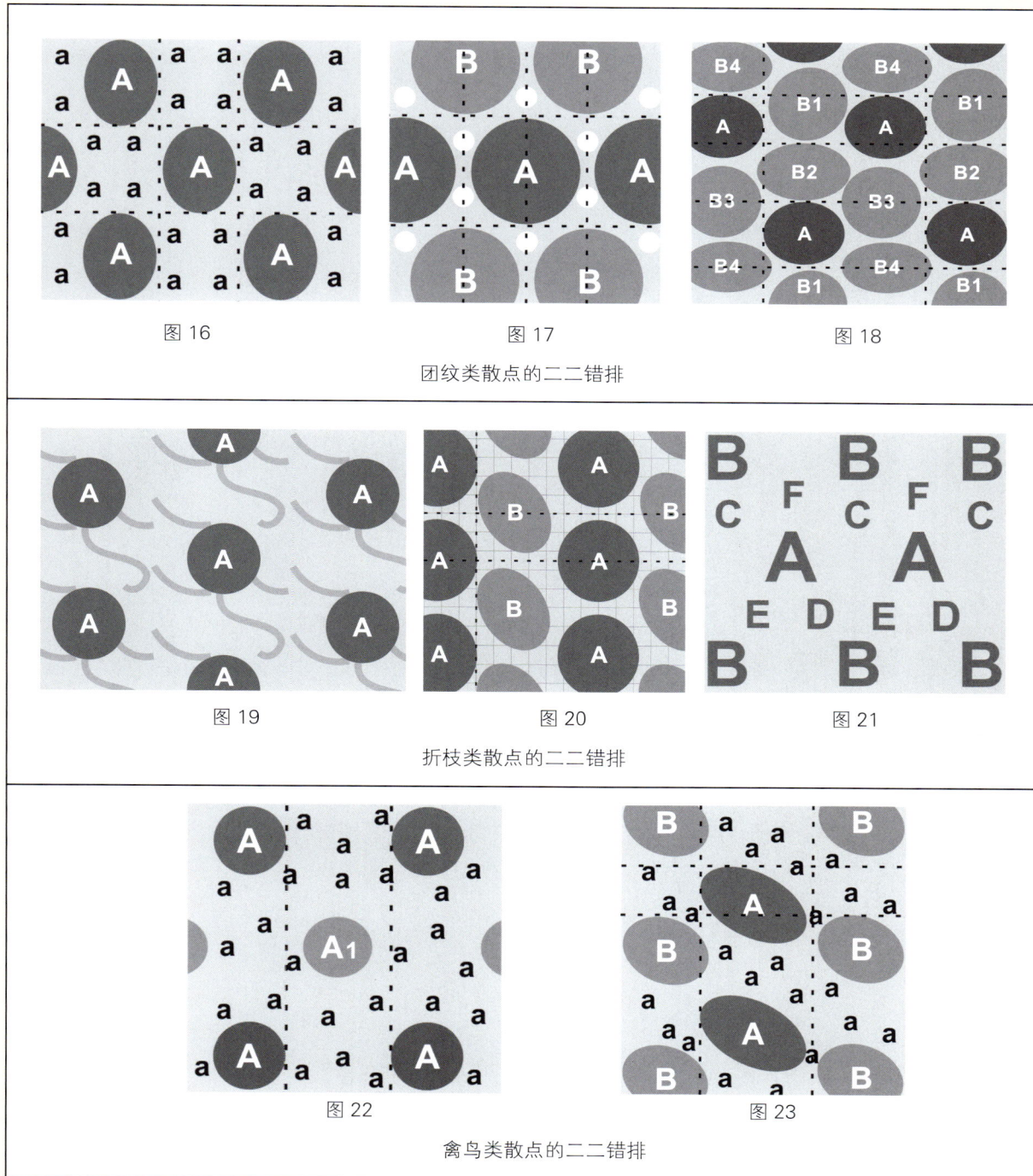

图 16　　　　　　　图 17　　　　　　　图 18

团纹类散点的二二错排

图 19　　　　　　　图 20　　　　　　　图 21

折枝类散点的二二错排

图 22　　　　　　　　　　图 23

禽鸟类散点的二二错排

4. 连缀延续式排列

连缀延续式排列是指单元纹样通过各种形态的曲线线条，绵延连续在一起的构图，结构自由，流动感强。连缀延续构图在明初已经出现，随着明代丝绸工艺美术的不断发展，明中叶以后，这些架构趋于稳定、严谨与程式化[1]。书画装裱锦纹样中属于这种排列形式的题材主要有缠枝花纹、穿枝花纹、绵延云气纹、落花流水纹等，每种连缀延续式排列纹样数量均较少。缠枝图案架构源自唐草，明代大为盛行，其布局常见牡丹、莲花等纹样题材。穿枝花式是在波状线主茎上分枝发叶，以主茎线将主题花纹相连，与缠枝花式相似，但不作环形缠绕。穿枝花式布局纹样不如缠枝式纹样数量丰富，还常与杂宝等纹样组合构成图案。波状式排列是指以波状线构成图案骨格，属于此种组织形式的锦纹样主要有云纹和水纹。题材不同，波状线骨格也较为不同，如水纹无一定的形状，有连续的波状线水纹，也有如鳞片状的水纹。

连缀延续式排列

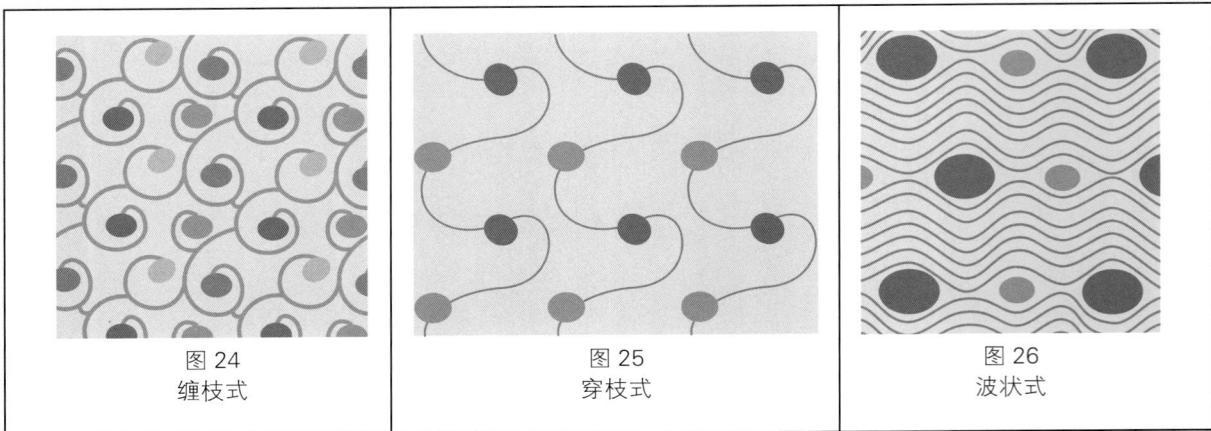

图 24
缠枝式

图 25
穿枝式

图 26
波状式

三、装裱用绫纹样的题材、色彩及其布局

绫是中国传统丝织品的一种，一般采用斜纹组织，织物表面有斜面纹理。绫的起源较早，殷商时期就已出现，魏晋时期起绫织物被大量服用。唐宋时期，各地所产的绫织物已十分丰富，宋代随着书画艺术的发展，绫织物开始大量用来装裱书画。元·陶宗仪《南村辍耕录》卷二十三《书画裱轴》中所记绫的花色有近30种之多，可见装裱用绫名目繁多，纹样丰富。

（一）绫纹样题材

用于古书画装裱的绫织物纹样拥有独特的风格，与服饰用绫的纹样风格、纹样色彩较为不同。装裱用绫纹样种类丰富，题材主要有动

---

①赵丰.中国丝绸通史[M].苏州：苏州大学出版社，2005：461.

物纹、花卉纹、几何纹、云纹、文字及人物等，其中以动物纹、花卉纹最为常见，人物纹使用数量最少，每类题材又涉及不同的内容。

1. 动物纹

动物纹是书画装裱用绫图案中最为重要的一类装饰题材，种类最为丰富。有的是神祇，有的是祥禽瑞兽，以龙纹、凤纹和仙鹤纹为主。这些动物纹很少单独构成图案，多与云纹、花卉纹、杂宝纹等组合构成图案，尤其是与云纹的组合图案最为丰富，如云龙纹绫、云凤纹绫、云鹤纹绫等。

（1）龙纹

龙作为幻想出来的动物，带有极强的神话色彩，是丝绸织物中常用的装饰图案。龙纹在古书画装裱绫织物中亦为常用题材，从明·张应文《清闷藏》之《叙唐宋锦绣》及明·文震亨《长物志》卷之五《装潢定式》中多处对龙纹绫的记载可知。按龙纹在绫织物中出现的形态，有升龙、降龙、团龙的区别。升降龙为一龙首在上、龙尾在下的"升龙"与一龙首在下、龙尾在上的"降龙"组成的一对单元纹样。以升降龙为主题单元纹样的龙纹绫图案数量最多，且每幅图案中升龙、降龙的造型较为相似。部分手卷天头或手卷隔水、副隔水图案中龙纹造型与升降龙相似，织物的使用方向不同，此时升降龙亦可看成是一对龙身侧向的"行龙"。绫织物纹样中出现的团龙形态主要为侧身盘转回旋状，龙头基本位于圆形架构的中心，火珠位于龙头前方，与团龙的身躯构成闭合的圆形架构，

与明清织物上的团龙纹相比，图案化更强。

（2）凤纹

凤和龙一样是人们幻想出来的动物形象，在中国传统纹饰中具有相当悠久的历史。在书画装裱绫织物纹样中，凤纹是最重要的一种装饰题材，装裱文献对凤纹这一题材亦有较多记载，如南宋·周密《齐东野语》卷之六《绍兴御府书画式》中多处记载了各色鸾绫的使用，元·陶宗仪《南村辍耕录》卷之二十三《书画裱轴》亦有各类凤纹织物名的记载。从形态上看，绫织物中出现的凤主要有飞凤与团凤之分，其中以飞凤为主题的图案数量最多，造型亦最为丰富。飞凤一般不单独构成图案，常与云纹、鸟纹、花卉纹等辅纹组合构成图案，不同组合图案中的飞凤在冠毛、颈部或是尾部等细部特征上有所差别。按照飞凤与其他纹样的组合，可分为云凤纹、云凤鸟纹、凤衔牡丹纹和龙凤纹四类。较之其他几种类型的凤纹图案，云凤鸟纹绫数量最为丰富，依据单元纹样凤与鸟组合数量的不同，云凤鸟纹可分为一凤一鸟、二凤二鸟、二凤四鸟三种形式，其中以二凤四鸟图案数量最多，表现形式亦最为丰富[①]。

（3）仙鹤纹

仙鹤是寿星南极仙翁的坐骑，因而寓意长寿，为丝绸织物中常见纹样，除凤纹以外，仙鹤纹是动物纹中较为重要的祥禽类题材，使用数量较多。飞鹤是仙鹤纹的主要形态，与龙、凤题材一样，很少单独构成图案，常与云纹、杂宝等组合构成图案。仙鹤纹与其他纹样的组

---

① 顾春华. 古书画装裱绫之凤纹图案研究[J]. 丝绸, 2014(08)：33-39.

合形式主要有云鹤纹、杂宝仙鹤纹两种类型，其中云鹤纹最为常见，飞鹤或与流云，或与连云组成四方连续图案，飞鹤半写实半图案化。

2. 花卉纹

花卉纹主要包括写实花卉纹及抽象花卉纹两类，其中以朵花等抽象花卉纹变化较为丰富。绫织物纹样中写实花卉纹使用数量较少，涉及的题材主要有牡丹、莲花、梅花等，有的花卉纹既单独作为主题纹样，也相互组合共同构成装饰题材。抽象花卉纹主要为朵花，指仅有花朵的式样。朵花形态抽象，按其具体造型又可分为圆形朵花和米字朵花两类。朵花或单独构成图案，或与几何纹等组合构成图案。

3. 几何纹

绫织物纹样中的几何纹多为中小型，使用数量较少，主要有球路纹、菱格纹、龟背纹、卍字不断头纹等。球路纹圆形骨架内填饰纹样多为小型几何纹样；菱格纹的使用主要有两种情况：一种作为其他纹样的地纹，一种为菱格纹与其他主题纹样共同构成图案；龟背纹在绫织物中的使用亦是多作为球路纹等几何纹的辅纹，或以龟背纹作为框架，内部填饰纹样。绫织物中卍字不断头纹的使用不如锦织物常见，主要作为花卉纹、几何纹的地纹。卍字不断头单独作为纹样，与锦织物中的卍字不断头图案造型相同或相近。

4. 云纹

云纹在绫织物中的使用，从装裱文献记载的织物名称中可知，在宋、元、明、清不同的历史时期，均与鸾凤、龙、鹤之类的动物纹一起出现在织物上。云纹在形态上有大、小之分。云纹形态通常以涡形曲线为基本构形元素，按一定的结构模式和组合方式构成大小不同的单朵或复合造型的云纹，主要有朵云、连云、流云三类，这些不同造型的云纹由不同形态的构形元素组合而成，在组合上又有着多种变化。云纹是绫织物纹样中的一类重要装饰题材，在纹样中的使用主要有两种情况：一是单独作为主题纹样构成图案；二是作为动物纹的辅助纹样，各种造型的龙、凤等祥禽填饰在云纹之间，具有一定的神秘感与威力，此种类型的纹样数量最多，造型变化最为丰富。

5. 文字

绫织物纹样中文字的使用与锦织物纹样较为相似，亦主要有"寿"字和卍字两种，文字单独作为主题纹样在绫织物纹样中非常少见。卍字多连接在一起构成卍字不断头纹作为地纹使用，单独作为主题纹样的卍字纹，目前只发现一例手卷隔水纹样，共两个卍字，字体较大，呈一上一下排列。"寿"字多与其他纹样共同构成主题图案，且"寿"字几何化，较为抽象。

（二）绫纹样色彩

绫由于其织物特性，色彩的丰富性远不如锦，通过整理分析，发现现存古书画装裱所用绫织物多采用米色、黄色、灰色、绿色、湖色等。其中不同明度和纯度的米色调、黄色调使用最多。米色朴质淡逸，为基础形调子，和多种画心均能搭配；灰色、绿色等使用量次之，灰色色域宽阔，深稳坚实；湖色或绿色，给人以返璞归真、娴雅恬情的自然气息；蓝色等比较艳丽的色彩使用量较少。

具体色彩配置方法主要有两种。第一种为纹样中地色与花色使用同一色调，此种色彩配置的纹样数量较多，又可分为两种使用情况：一种为地色浅、花色深的配色，其中黄色调、米色调、蓝灰色调使用较多，如米色地配米黄色花纹，米黄地配黄色花纹，浅驼色地配驼色花纹，浅棕色地配深棕色花纹，浅绿色地配深绿色花纹，浅灰色地配深灰色花纹，天蓝色地配蓝色花纹等；一种为地色深、花色浅的配色，纹样使用数量不如以上地色浅、花色深的配色多，亦以黄色调、米色调、灰色调最为常用，如米黄色地配浅米色花纹，驼色地配浅驼色花纹，深蓝灰色地配浅蓝灰色花纹，金黄色地配明黄色花纹等。第二种为图案中地色与花色使用不同色调，此种色彩配置的纹样数量较少，多为深色地配白色花纹，如棕色、灰色、绿色等地色配白色花纹等。

（三）绫纹样布局

绫织物纹样布局同锦，亦主要为四方连续式，由基本单元纹样构成。依据单元纹样的形态、主题纹样的数量及不同的组合形式，这些四方连续图案布局具体可分为二二正排、二二错排、几何排列及缠枝花式排列四种类型①。

1. 二二正排

二二正排布局纹样数量较少，主要存在于少量仙鹤纹及花卉纹中，单元纹样多为矩形散点状，以及少量的团纹类散点。依据主题纹样的组合构成特点，具体可分为一种单元纹样二二正排和两种单元纹样二二正排两种形式，仙鹤纹多与辅纹云纹构成矩形散点状排列，写实花卉纹中单元纹样多为折枝花，上下两排花纹造型相同，花头方向左右相反，各种类型的单元纹样多填饰在清地上，亦有少量团纹类散点按二二正排布局填饰在几何形地纹上。

二二正排布局

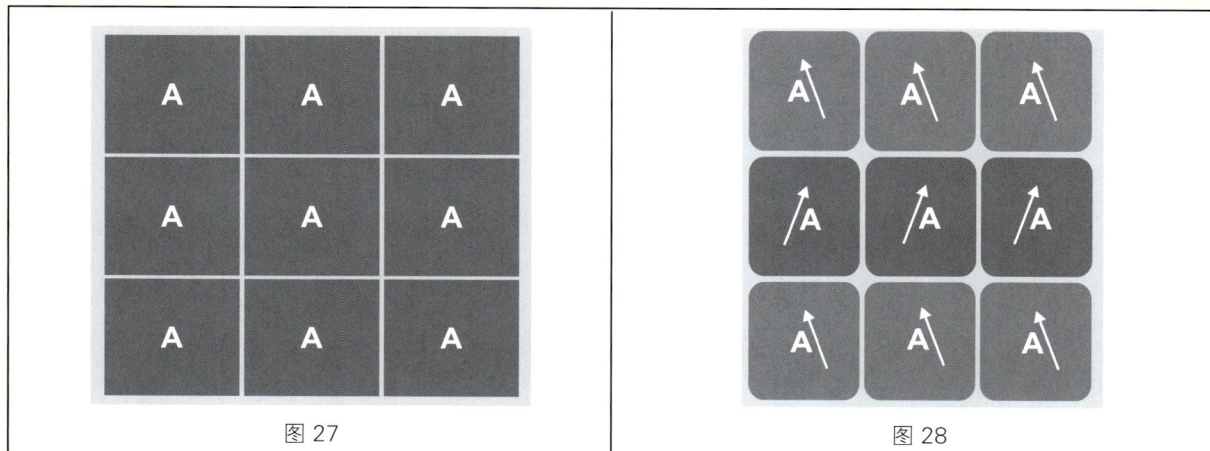

图27

图28

---

①以下排列布局图中 "A" "B" 等大写字母代表不同的主题纹样，小写字母 "a" 代表二级纹样（辅级），箭头代表禽鸟飞向或主题纹样方向，网格线代表各种几何纹地纹。其中圆形、椭圆形、方形等几何形为主题纹样概括示意图，虚线表示单元纹样对齐方式。

图 29

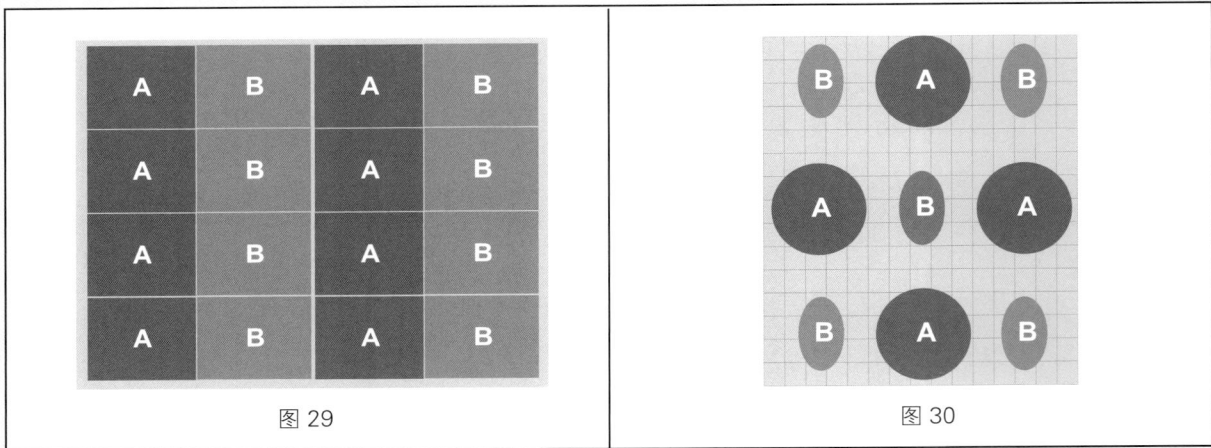

图 30

2. 二二错排

二二错排是绫织物纹样中最常见的图案布局方式，相比二二正排布局更为丰富、活泼，单元纹样主要呈散点分布，排列有疏有密，纹样有大有小。纹样的组合排列中，有的为一种主题纹样的排列，有的为两种不同主题纹样的排列。单元纹样有的尺寸大小相同或相近，有的尺寸相差较大。有的单元纹样填织在清地上，有的单元纹样填饰在几何纹等地纹上。二二错排布局主要存在于动物纹以及少量花卉纹、文字图案中，尤其是凤纹及龙纹图案基本上采用的是二二错排布局。与二二正排不同的是，二二错排布局图案除了各种主题纹样外，还常伴随着云纹等二级纹样，且二级纹样多以穿插的形式遍布在主题纹样的周围，具体可分为以下四种形式：

第一种为一种主题纹样的二二错排，此种布局的图案数量较少，主要存在于少量花卉纹及几何纹中，有的为清地上填织主题纹样，有的为地纹上填织主题纹样。

第二种为一种主题纹样二二错排、一种二级纹样穿插的图案布局，多存在于云凤纹、云龙纹、云鹤纹等纹样中。图案多为清地，其中两排单元纹样题材相同，造型略有不同，飞翔方向多为一上一下或一左一右，二级纹样云纹穿插于主题纹样周围的空地上。

第三种为两种主题纹样的二二错排、两种主题纹样上下交错排列布局中，有的图案为清地，有的带有地纹，两种主题纹样有的大小相近，有的大小差别较大。

第四种为两种主题纹样二二错排、一种二级纹样穿插的图案布局，主要存在于云凤鸟纹绫中，根据主题纹样飞凤与鸟不同数量的组合及排列位置的不同，有着多种排列形式：图35为一凤一鸟的布局，一排飞凤，一排鸟，两排一循环，云纹穿插其中，单元纹样在纵向和横向均错开排列；图36为二凤二鸟的布局，飞凤与鸟相间排列，花纹两排一循环，凤纹与鸟纹在横向和纵向错开排列；图37为龙凤纹的布局，花纹三排一循环，云纹穿插其中，单元纹样在横向完全错开，纵向错开二分之一左右排列；图38为二凤四鸟的布局，图案布局较为特殊。

二二错排布局

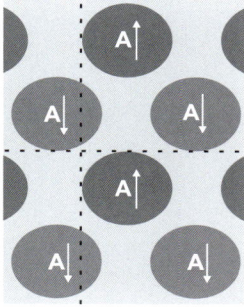
图 31
一种主题纹样二二错排

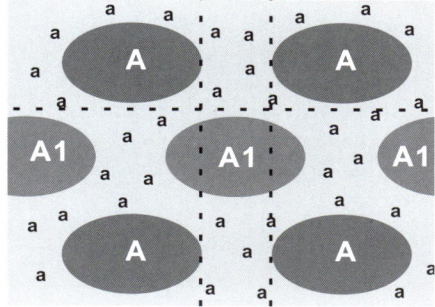
图 32
一种主题纹样二二错排，一种二级纹样穿插

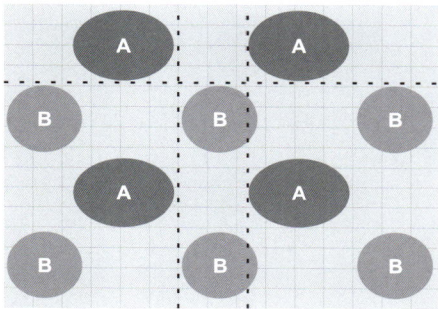
图 33

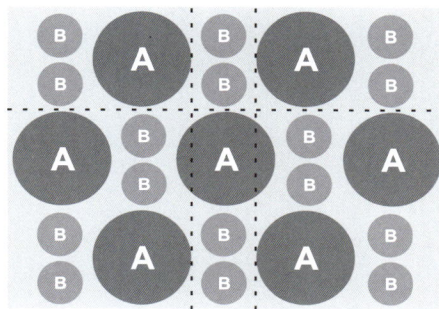
图 34

两种主题纹样二二错排

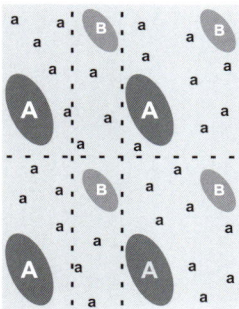
图 35

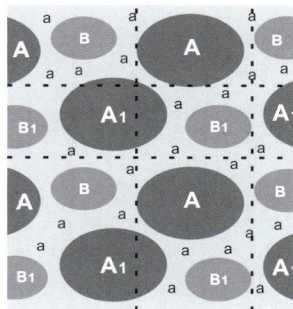
图 36

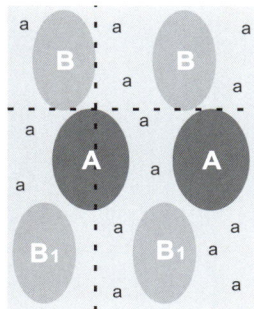
图 37

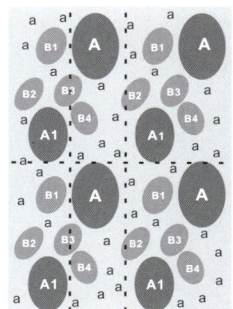
图 38

两种主题纹样二二错排，一种二级纹样穿插

3. 几何排列

几何形既是一种纹样，亦可视为一种图案布局，绫织物中几何纹数量较少，因此，几何排列布局并不多见，主要有三种排列形式：一种为连续排列的小几何纹，单元纹样为小型几何纹，上下左右连接在一起向四方重复连续的图案布局，如卍字不断头纹即是以单元纹样卍字作上下左右的连续。另外，还有在几何型中填充纹样的形式，如以龟背纹作为框架，内部填织花纹，构成几何纹图案。第二种为球路排列布局，球路排列多出现在锦织物纹样中，绫织物中此种图案布局较少。第三种为其他几何形排列布局，如花卉纹图案中的"卍字朵花纹绫"的图案布局，几何骨架由"W"形折线组成，两条"W"形折线之间填饰二级纹样，上下两组"W"形折线间填饰主题纹样。

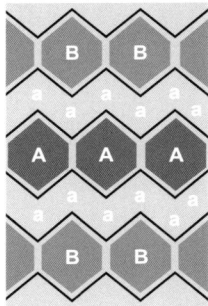

图 39
几何排列

4. 缠枝花式排列

缠枝花卉纹样常见牡丹、莲花等题材，绫织物中写实花卉不多见，此种图案布局数量亦较少，如"缠枝牡丹莲花纹绫"中饱满的牡丹花头及莲花穿饰于自由、流动的缠枝主茎线上，婉转流畅。

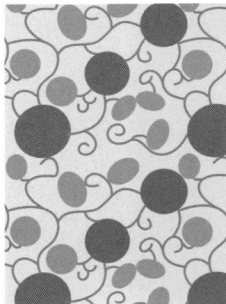

图 40
缠枝花式排列

四、结语

通过对中国古书画装裱丝绸材料中锦绫纹样的研究，发现手卷包首材料主要以锦为主，锦纹样中以几何纹的使用最为大宗。几何纹主要包括三种类型：第一类为八达晕、四达晕、天华锦等大型几何纹，其中又以各种图式的天华锦数量最多；第二类为球路纹、盘绦纹、菱格纹（菱格填花纹）、方格纹（方格填花纹）等中型几何纹，球路纹中心填饰纹样多以龙纹、凤纹等动物纹为主，菱格纹、方格纹内部填饰纹样则多以朵花、团寿纹等为主；第三类为琐纹、卍字不断头纹、矩纹、簟纹等小型几何纹，小型几何纹为宋式锦的典型代表，在书画装裱丝绸纹样中较为常见，通常作为几何纹、动物纹、花卉纹的辅助纹样。植物纹在包首锦中使用量次之，其中以牡丹、菊花、莲花、梅花等为主题纹样的写实花卉纹最为丰富，多以缠枝花式为主。相比花卉纹，果实类题材的图案较少，且多与莲花、佛手、蝙蝠等组合构成图案，此类题材的纹样清代较为常见。动物纹在锦纹样中数量较少，多与云纹、几何纹等组合构成图案，这与古书画装裱绫纹样中动物纹的组合形式较为相同。锦纹样中其他题材如杂宝纹、云纹、卍字、"寿"字等很少单独构成图案，多作为几何纹、动物纹、花卉纹中的辅助纹样。

在文献记载及存世书画作品中，手卷与立轴的天头（地头）、隔水材料均以绫为大宗，隋唐时期及南宋亦有少量使用锦作为天头材料的。一般手卷、立轴的天头与隔水图案相同，色彩不同，图案以各色凤纹、云凤鸟纹绫、云鹤绫等动物纹及花卉纹为主。绫纹样中以动物纹数量最多，图案形式亦最为丰富，花卉纹次之，文字及人物纹使用最少。动物纹中以凤纹、龙纹、仙鹤纹为主，动物纹多与云纹等组合构成图案，其中又以云凤纹绫、云凤鸟纹绫图案数量最为大宗。凤纹形态以飞凤较为常见，飞凤多与云纹、鸟纹组合构成图案，按照其单元纹样飞凤与鸟纹组合数量的不同，有一凤一鸟、二凤二鸟、二凤四鸟等多种形式。花卉纹包括写实花卉纹、抽象花卉纹。以圆形朵花、米字朵花等抽象花卉纹使用最为丰富，写实花卉纹图案较少，题材主要包括牡丹、莲花、梅花等。绫织物纹样中几何纹使用较少，主要包括球路纹、菱格纹、龟背纹、卍字不断头等中小型几何纹。云纹为绫纹样中一种重要题材，单独构成图案的云纹数量不多，与动物纹的组合图案最为常见。

古书画装裱用锦纹样配色方式多样，其中大型几何纹多以晕色方法表现，使用多种不同明度的色调，有的图案色阶层次丰富，具有典雅而古朴的宋代织锦风格；有的图案色彩浓重，退晕色阶距离大，具有明代织锦风格；有的色彩淡雅，退晕色阶距离小，具有清代织锦风格。花卉纹、中型几何纹及动物纹等多采用较为艳丽的色彩作为主色调，配色艳丽，图案节奏感不强。琐纹、卍字纹等小型几何纹配色则较为简单，多采用色相不同的深浅两色搭配。古书画装裱用绫纹样配色相比锦纹样较为简单，多采用深浅两色搭配，以不同明度和纯度的米色调、黄色调、灰色调最为常见。

书画装裱用锦纹样在图案布局中以几何排列的图案数量最多，包括最为复杂的八达晕、天华锦等图案布局以及较为简单的菱形排列、方格排列、条纹排列等。二二错排比二二正排布局的图案数量要多，单元纹样多为散点状，有的图案为一种主题纹样的上下错排形式，有的为两种主题纹样、多种主题纹样的上下错排形式。连缀延续式排列在锦图案布局中使用最少，主要为缠枝花卉纹、穿枝花卉纹、云纹、落花流水纹等图案的组织形式。书画装裱用绫图案布局与锦纹样图案布局类型较为相似，其中二二错排图案排列形式在绫纹样中最为常见，二二正排、几何排列及缠枝花式排列布局图案较为少见。

用于古代书画装裱的丝绸材料锦和绫，其纹样类型极其丰富且风格独特，本书中收集的书画装裱丝绸材料中的锦绫纹样虽已具一定数量，但仍非常有限。本课题希望通过对古书画装裱丝绸材料的锦绫纹样的研究，拓宽中国传统纹样研究的视野。总结其纹样设计类型，分析其纹样设计特点，将传统精美的装裱丝绸锦绫纹样和当下的设计、时尚以及今天人们的生活相结合，在图案、色彩、布局、设计等方面用今天的审美观念来设计，对其进行创新和设计，运用于古今书画装裱纹样等艺术作品中。通过探讨古书画装裱丝绸纹样的艺术设计特征及文化内涵，为文创产品的设计开发提供新思路。

目 录

1 八达晕锦

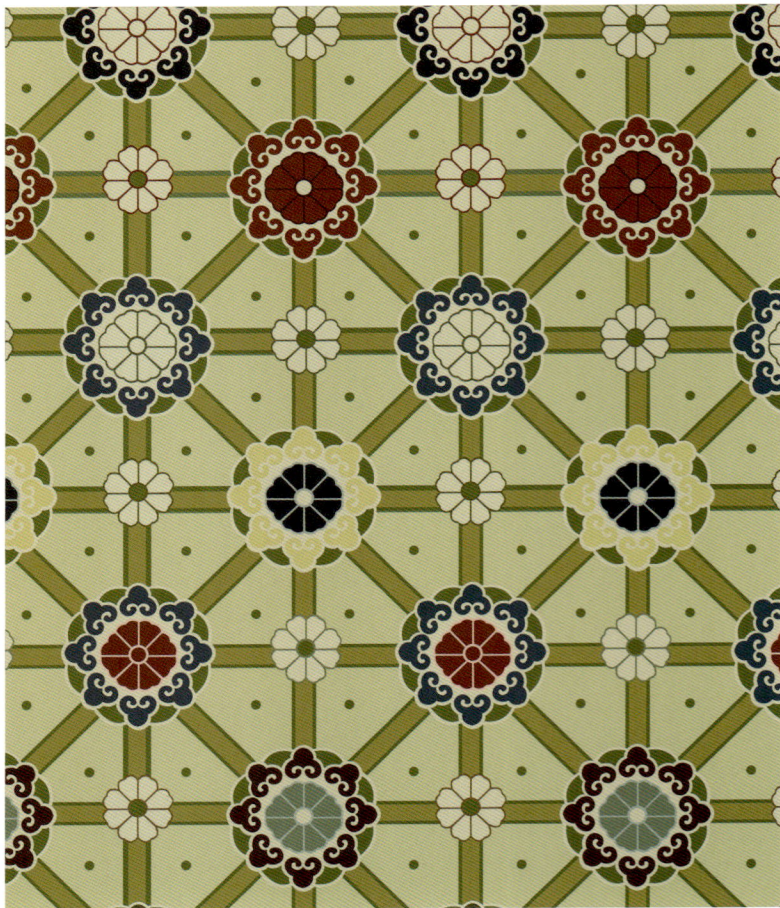

《耕稼图》卷为元代书画作品，织物纹样取自手卷包首部位。纹样由大小圆形框架组合而成，小圆形为八瓣朵花纹，大圆形为八合如意团花纹，团花中心纹样同小圆形。纹样色调变化丰富，如意团花每排由深蓝色、红色、蓝色、黄色、绿色等色调构成，团花中心八瓣朵花纹色彩与外圈八合如意纹采用不同色彩设计。纹样两排一循环，上下交错排列，由直线段骨架线相连。

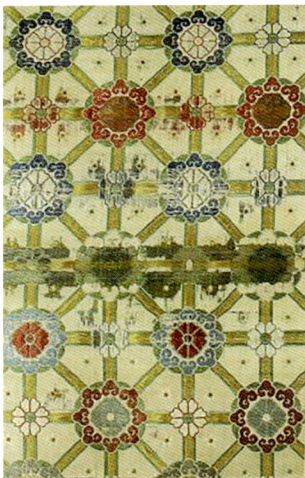

元 佚名：《耕稼图》(*Rice Culture, or Sowing and Reaping*)
织物尺寸：纵31.1厘米，横20.8厘米
图案循环：经向尺寸不明，纬向约9.4厘米
美国大都会艺术博物馆藏(藏品编号：2005.277)

2 八达晕锦

明或清 佚名：《四皓图》(Scholars and Monkeys under Trees)
织物尺寸：纵24.1厘米，横20.2厘米
图案循环：经向约15.6厘米，纬向约15.6厘米
美国大都会艺术博物馆藏(藏品编号：47.18.85)

　　《四皓图》卷为明代或清代书画作品，织物纹样取自手卷包首部位。此八达晕锦以一系列的直线为基本骨架线，向上下左右及对角线八个方向相连，在交点处交叉填置大小圆形。大圆形为八合如意团花纹，中心填饰多层圆形朵花纹，小圆形为四合蔓草纹，周围清地上填饰折枝花卉纹。

3 八达晕锦

  《鹿角双幅》卷为清代书画作品，织物纹样取自手卷包首部位。纹样由圆形和方形框架组合而成，一圆形为八合如意团花造型，团花中心为八瓣朵花，朵花中心为连钱纹，依次向外由四圈大小渐增不同造型的如意云头组成，最外圈八个如意云头内相间填饰凤纹与对蝶纹样。另一圆形亦为八合如意团花造型，具体形态及填充纹样较为不同，外圈如意云头造型更加明确，内圈图案不完整。主题纹样周围衬以满地连钱纹、折枝莲花纹等。

清 爱新觉罗·弘历：《鹿角双幅》(*Two Paintings of Deer Antlers*)
织物尺寸：纵25.8厘米，横22.9厘米
图案循环：尺寸不明
美国大都会艺术博物馆藏(藏品编号：13.220.127a, b)

4　八达晕锦

五代—宋初　佚名，(旧传)萧照：《中兴瑞应图》卷第七幅（*Pavilion with Figures*）
织物尺寸：纵34.7厘米，横22.3厘米
图案循环：纬向约9.7厘米，纬向尺寸不明
美国大都会艺术博物馆藏(藏品编号：47.18.119)

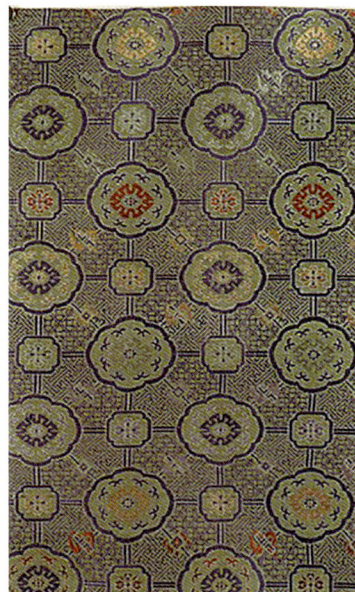

　　《中兴瑞应图》卷第七幅为五代—宋初书画作品，织物纹样取自手卷包首部位。纹样由圆形和方形框架构成，圆形内饰一圈戳纹及八只抽象化鸟纹，方形框架内填饰米字朵花纹，图案化强，周围空地上满地交替填织卍字不断头纹和连钱纹。纹样色调变化丰富，每排图案内圈纹样色彩配置不同。

5 四达晕锦

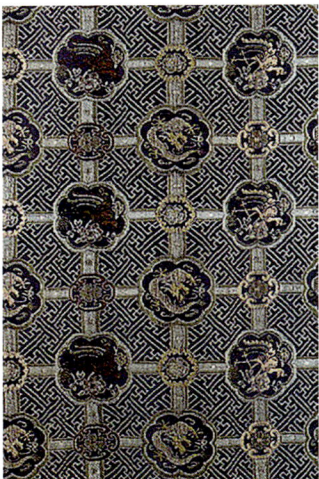

《唐苑嬉春图》卷为清代书画作品，织物纹样取自手卷包首部位。纹样由圆形框架构成，上下左右骨架线为直线，在交点处交叉填置大小圆形纹样。大圆形内一排填饰纹样为团龙戏珠纹，一排为凤穿牡丹纹，小圆形中心填饰抽象花卉纹，周围衬以满地卍字不断头纹。此包首锦纹样框架组合虽显单调，但框架内部填充纹样及色彩变化较为丰富。

清 佚名，(仿)朱瞻基：《唐苑嬉春图》(*Spring Play in a Tang Garden*)

织物尺寸：纵39.5厘米，横21.6厘米

图案循环：经向约9.4厘米，纬向约10.1厘米

美国大都会艺术博物馆藏(藏品编号：47.18.9)

6 四达晕锦

明 佚名，(仿)文徵明:《玉兰图》(*Magnolia*)
织物尺寸:纵28.7厘米，横21.4厘米
图案循环:经向约8.2厘米，纬向约8.0厘米
美国大都会艺术博物馆藏(藏品编号:1989.363.64)

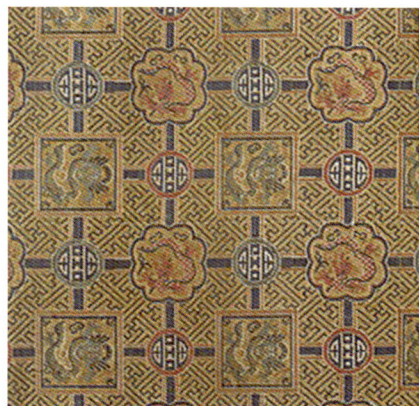

　　《玉兰图》卷为明代书画作品，织物纹样取自手卷包首部位。此四达晕锦框架由方形、大小圆形交叉组合而成，方形内填饰坐龙，大圆形内填饰团龙戏珠纹，小圆形由团寿纹构成，主题纹样上下交错填饰在曲水地纹上。

7 八角形填花纹锦

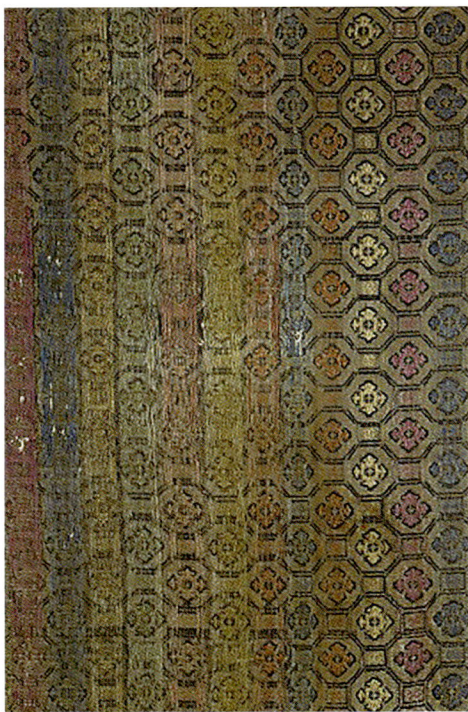

《相马图》卷为明代或清代书画作品，织物纹样取自手卷包首部位。纹样为小型八角形填花几何纹布局，单元纹样尺寸相对较小。八角形骨架线较为明确，由线条交织而成，内填四合如意纹。八角形以矩形连接，矩形内一排填织卍字纹，一排填织圆形朵花纹。主题纹样色调变化丰富，纵向色彩相同，横向色彩分别为米黄色、紫色、蓝色、绿色、浅粉色、黄色、棕色等。

明或清 佚名，(仿)赵孟頫：《相马图》(*Judging a Horse*)
织物尺寸：纵35.3厘米，横22.1厘米
图案循环：经向约3.1厘米，纬向约15.6厘米
美国大都会艺术博物馆藏(藏品编号：13.220.4)

8 八角形填花纹锦

明或清 佚名，(仿)赵孟頫：《兰亭图》(*The Orchid Pavilion*)
织物尺寸：纵33.3厘米，横15.8厘米
图案循环：经向约4.2厘米，纬向尺寸不明
美国大都会艺术博物馆藏(藏品编号：29.100.480)

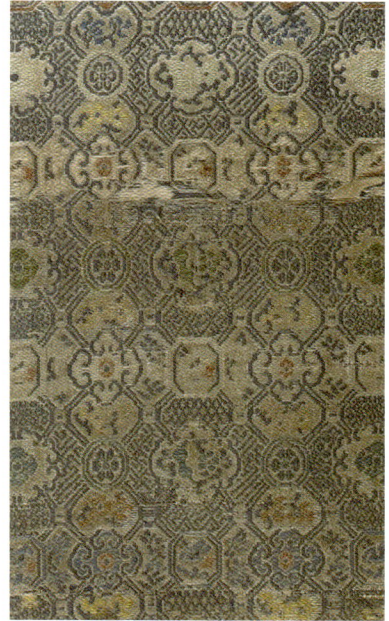

　　《兰亭图》卷为明代或清代书画作品，织物纹样取自手卷包首部位。纹样以圆形、八角形等几何图形作有规律的交错重叠，组成富于变化的锦式骨架，并在骨架中填织四合如意、折枝梅花、圆形朵花、团花等纹样。主题纹样周围交替填饰卍字纹、菱格纹等小型几何纹。单元纹样较小，横向色彩变化丰富，以蓝色、黄色、绿色、棕色等色调填充纹样。

9 八角形填花型天华锦

《墨竹图》卷疑为明代书画作品，织物纹样取自手卷包首部位。纹样以圆形、方形、八角形等几何图形作有规律的交错重叠，组成富于变化的锦式骨架，每排纹样色彩设计富于变化。几何骨架中分别填织四合如意团花、八瓣朵花纹、折枝花卉纹、蜜蜂等纹样，小型几何纹卍字纹、连钱纹交错满地填饰。

明 佚名，(仿)吴镇：《墨竹图》(Bamboo Studies)
织物尺寸：纵34.3厘米，横20.3厘米
图案循环：经向约21.4厘米，纬向约11.0厘米
美国大都会艺术博物馆藏(藏品编号：13.100.34)

10 八角形填花型天华锦

明 佚名，(旧传)李公麟:《神仙图》(*Immortals and Sages*)
织物尺寸:纵39.3厘米，横19.5厘米
图案循环:经向约23.1厘米，纬向约10.6厘米
美国大都会艺术博物馆藏(藏品编号:18.124.2)

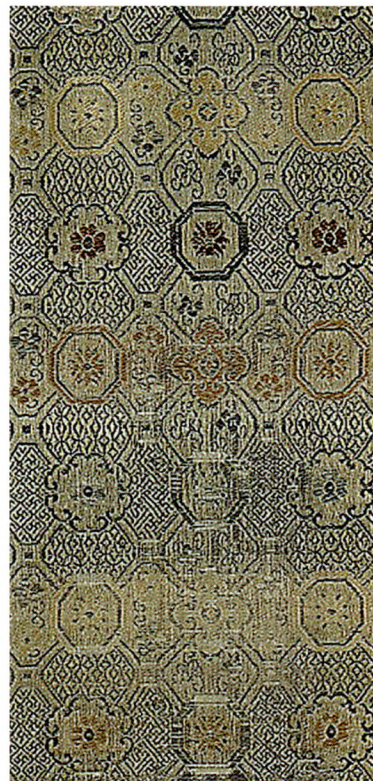

《神仙图》卷疑为明代书画作品，织物纹样取自手卷包首部位。
纹样为八角形填充纹样的图式，在圆形、八角形等几何骨架中填织
四合如意、团花、米字朵花纹、折枝花卉纹等纹样，周围满地填饰
连钱纹、卍字纹、卍字不断头纹等小型几何纹。

11 八角形填花型天华锦

《阿房宫图》卷为明代或明以前书画作品，织物纹样取自手卷包首部位。锦纹样以圆形、方形、八角形等几何图形作有规律的交错重叠，组成富于变化的锦式骨架。八角形中心上下交错填织两种造型的团花纹，一团花纹中心为八合如意，团花周围为折枝莲花纹；另一六合团花周围为折枝海棠花。八角形以方形相连，方形中心填织米字朵花纹。

明或明以前 佚名，(仿)赵伯驹:《阿房宫图》(*Landscape of Qin Palaces*)

织物尺寸：纵29.5厘米，横22.5厘米

图案循环：经向约14.5厘米，纬向约15.2厘米

美国大都会艺术博物馆藏(藏品编号：38.31.2)

12　八角形填花型天华锦

清　佚名:《锦堂图》(*Brocade Hall*)
织物尺寸:纵30.2厘米，横17.7厘米
图案循环:经向约7.4厘米，纬向约7.0厘米
美国大都会艺术博物馆藏(藏品编号:13.100.35)

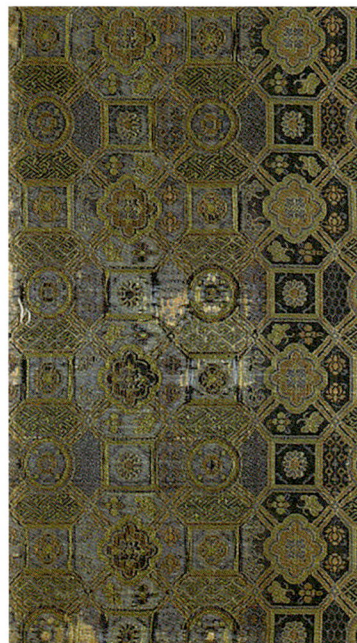

　　《锦堂图》卷为清代书画作品，织物纹样取自手卷包首部位。包首锦纹样中八角形内填织纹样的锦式骨架变化最为丰富，使用数量较多。此包首锦纹样八角形框架较为明显，织物纹样由一系列的斜向线为基本骨架，向对角线四个方向相连，在交点处交叉填置圆形、方形等几何形。几何骨架中心填饰米字等各种朵花纹，周围衬以满地卍字纹、龟背纹、曲水纹，清地上填织蜜蜂、莲花纹。纹样采用不同明度与纯度的蓝色与黄色作为主色调，通过色阶变化使得整个图案具有一定的层次感和节奏感。此锦有"锦中有花，花中有锦"的效果，是清早期较典型的天华锦。

13 方形填花型天华锦

明 佚名:《垂虹亭图》(*Pavilion of the Hovering Rainbow*)
织物尺寸:纵29.5厘米,横20.3厘米
图案循环:经向约18.3厘米,纬向约14.6厘米
美国大都会艺术博物馆藏(藏品编号:1989.363.76)

《垂虹亭图》卷为明代书画作品,织物纹样取自手卷包首部位。纹样为方形内填织花纹的锦式骨架形式。方形框架中心为主题纹样四合如意纹,外圈填饰折枝花卉纹。连接于主题纹样的小圆形,中心为多重花瓣的圆形朵花纹。方形骨架的连接处亦为小方形,内饰八瓣朵花纹。地纹为曲水纹。此织物纹样与宋代传世品"宝蓝地大天华锦"(新疆维吾尔自治区博物馆藏)较为相似,另外此类布局的天华锦在元代亦有生产,如元代传世品"白地织金四合如意天华锦"(新疆维吾尔自治区博物馆藏),小圆形内填饰纹样有所不同。

14   方形填花型天华锦

明或清 佚名，(仿)林椿:《百鸟图》(*The Hundred Birds*)
织物尺寸：纵29.8厘米，横16.2厘米
图案循环：经向约16.7厘米，纬向尺寸不明
美国大都会艺术博物馆藏(藏品编号：47.18.51)

　　《百鸟图》卷为明代或清代书画作品，织物纹样取自手卷包首部位。织物纹样不完整。主题纹样中心为四合如意纹，外圈填饰折枝莲花纹。连接于主题纹样的圆形中心填饰多重花瓣的圆形朵花纹。地纹为工字纹。方形骨架四角处以小方形连接，内饰圆形朵花纹。

15 方形填花型天华锦

《山水图》卷为明代或清代书画作品，织物纹样取自手卷包首部位。纹样骨格由方形构成，方形四角处以小方形相接。大方形内为团花纹，团花中心为四合如意纹，外圈为折枝花卉纹，团花纹之间以小团花纹连接，小方形内填饰米字朵花纹。主题纹样周围空地上满饰卍字不断头纹。图案通过不同明度与纯度的蓝色调的组合变化构成具有一定层次感的天华锦纹样。

明或清 (传)陈淳:《山水图》(*River Landscape*)

织物尺寸：纵32.7厘米，横18.4厘米

图案循环：经向约7.5厘米，纬向约6.7厘米

美国大都会艺术博物馆藏(藏品编号：46.146)

16　方格花纹锦

明或清　佚名，(仿)赵孟頫：《萧翼赚兰亭图》(*Xiao Yi Obtaining the Lanting Manuscript from the Monk Biancai*)

织物尺寸：纵32.2厘米，横20.8厘米

图案循环：经向约4.4厘米，纬向约4.0厘米

美国大都会艺术博物馆藏(藏品编号：23.53)

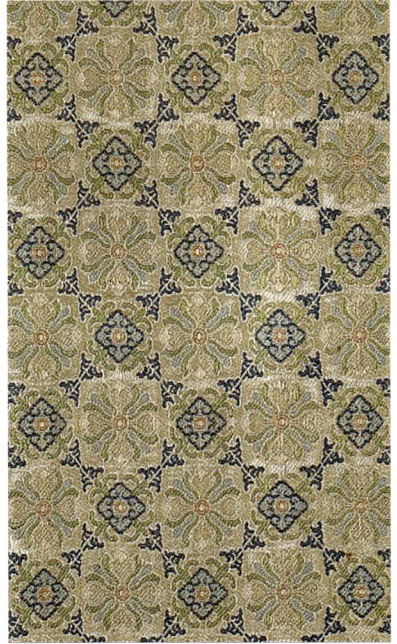

　　《萧翼赚兰亭图》卷为明代或清代书画作品，织物纹样取自手卷包首部位。在包首锦纹样中方格填花纹有明确方形骨格线的很少，主要是无明显骨格线的图案形式。此包首锦以两种方形图案相间排列构成方格纹：一种以四合如意纹为中心，向四面生长出花叶，构成小方形；按此方形的对角线再连缀方形组成大的方格，方格内填饰团花。此种类型的小花格子纹为清代织锦风格。

17 菱格纹锦

明—清 佚名：《翎毛》(*Quail*)
织物尺寸：纵32.9厘米，横20.1厘米
图案循环：经向约4.3厘米，纬向约2.4厘米
美国大都会艺术博物馆藏(藏品编号：13.220.7)

  《翎毛》卷为明代—清代书画作品，织物纹样取自手卷包首部位。纹样为小型几何纹，由各种不同大小及方向的小菱格纹构成。每个菱格纹由两个相同方向的菱形套在一起构成，有的呈尖角在上的菱格纹，有的呈左斜或右斜的平行四边形，相互连接在一起。纹样通过蓝色、灰色深浅色调的配置，构成变化丰富，具有层次感的菱格纹锦。

18 菱格填花纹锦

南宋 米友仁:《云山图》(*Cloudy Mountains*)
织物尺寸:纵28.4厘米,横20.3厘米
图案循环:经向约9.2厘米,纬向约8.7厘米
美国大都会艺术博物馆藏(藏品编号:1973.121.1)

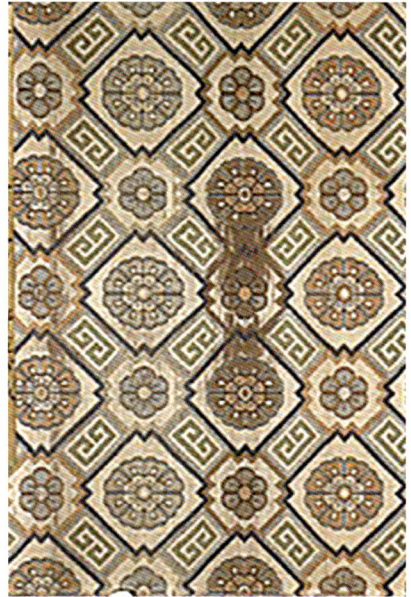

　　《云山图》卷为南宋书画作品,织物纹样取自手卷包首部位。纹样为以菱形为骨格、内部填饰纹样的菱格填花纹。纹样纵向色调相同,横向色调变化丰富。大小菱形四角有尖角设计,相互穿插、相间排列构成,菱形格内分别填饰团花纹、六瓣朵花纹,菱形四边分别以矩形纹样相接。

19 菱形填花型天华锦

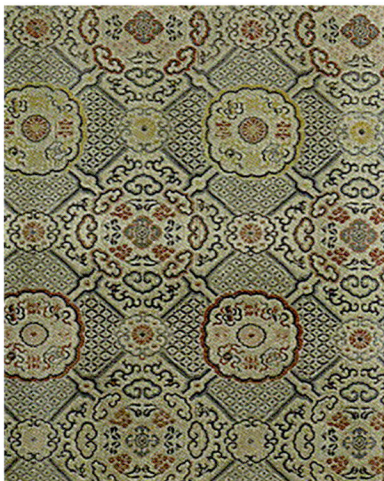

　　《苏惠织锦璇玑图》卷为明代书画作品，织物纹样取自手卷包首部位。纹样为菱形内填饰纹样的锦式骨架形式。主体纹样为如意团花纹，填置在菱形框架中心，菱形四角分别填织夔龙纹；另一菱形骨架中心为圆形，内饰各类杂宝纹，周围满饰连钱纹，连钱纹中心填饰十字纹。纹样横向色彩相同，纵向纹样色调各异，其中夔龙纹身体部位色彩相同，眼部色彩随纵向主体纹样色彩进行变化，周围空地上填饰的小型几何纹连钱纹横向色调为深蓝色，纵向为浅蓝色。

明　佚名，(仿)仇英：《苏惠织锦璇玑图》(*Lady Su Hui and Her Verse Puzzle*)
织物尺寸：纵30.4厘米，横23.8厘米
图案循环：经向尺寸不明，纬向约11.8厘米
美国大都会艺术博物馆藏(藏品编号：33.167)

20　菱格团寿纹锦

元　钱选：《梨花图》(*Pear Blossoms*)
织物尺寸：纵32.1厘米，横22.8厘米
图案循环：经向约2.7厘米，纬向约2.7厘米
美国大都会艺术博物馆藏(藏品编号：1977.79)

　　《梨花图》卷为元代书画作品，织物纹样取自手卷包首部位。纹样以菱形为骨格，菱格纹由45度斜向曲线交织而成，菱格上下交错排列，在菱形相交的四个顶点装饰卍字纹，菱格纹内填织团寿纹，单元纹样较小。

21　菱格蝙蝠纹锦

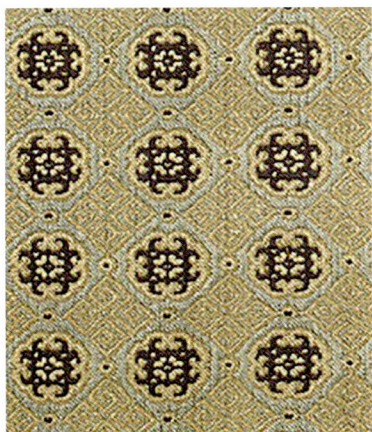

《汉宫春晓图》卷为明代或清代书画作品，织物纹样取自手卷包首部位。纹样通过菱形图案交错排列形成菱格纹图案布局，主体菱格纹内填饰四只图案化蝙蝠纹，上下二二正排，周围菱形格内填饰回纹。此织物纹样中的菱形格不是绝对连续式，在菱形图案延伸过程中间饰以圆点。

明或清　佚名，(旧传)赵伯驹：《汉宫春晓图》(*Spring Morning at the Palace of the Han Emperors*)

织物尺寸：纵19.1厘米，横20.5厘米

图案循环：经向约3.8厘米，纬向约4.3厘米

美国大都会艺术博物馆藏(藏品编号：47.18.4)

22 天华锦

南宋 佚名，(仿)吴育:《新安汪氏谱牒》(*Portrait of a Member and Record of the Wang Family*)

织物尺寸：纵35.8厘米，横28.9厘米

图案循环：经向尺寸不明，纬向约22.5厘米

美国大都会艺术博物馆藏(藏品编号：47.18.92)

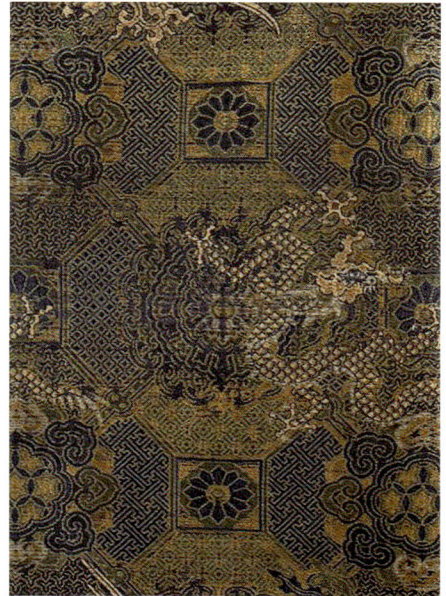

　　《新安汪氏谱牒》卷为南宋书画作品，织物纹样取自手卷包首部位。织物纹样布局复杂、层次丰富，八角形框架较为明确。主体纹样圆形为八合如意团花纹，团花纹中心为球路纹，这在大型几何纹填饰纹样中较为少见。方形骨架内填织圆形朵花，周围交替填饰卍字纹、琐纹、连钱纹等小型几何纹。两条形态较为完整的行龙填饰在锦群地上，另外织物画面的上方和下方可见凤纹的卷草状尾羽等局部纹样。此种加饰龙凤动物纹样的天华锦在包首锦纹样中较为少见。

23 天华锦

《十八罗汉图》卷为明代书画作品，织物纹样取自手卷包首部位。纹样以一系列斜向线为基本骨架，向对角线四个方向相连，在交点处交叉填置圆形、方形等几何形。圆形骨架为黄色、红色、蓝色、绿色等色彩各异的团花纹样，上下两排团花造型不同。方形内填饰连钱纹、米字朵花纹。主体纹样周围清地上填饰莲花纹、银锭、宝书等杂宝纹，清地上填饰纹样色彩变化较为丰富。

明 丁云鹏：《十八罗汉图》(*Eighteen Luohans*)
织物尺寸：纵26.9厘米，横18.3厘米
图案循环：经向约20.3厘米，纬向约9.1厘米
美国大都会艺术博物馆藏(藏品编号：1996.240)

24 天华锦

明或清 佚名，(旧传)李公麟:《龙王请斋图》(*Taoist Sages Crossing the Sea*)
织物尺寸：纵33.2厘米，横21.8厘米
图案循环：经向约11.6厘米，纬向尺寸不明
美国大都会艺术博物馆藏(藏品编号：18.25.1)

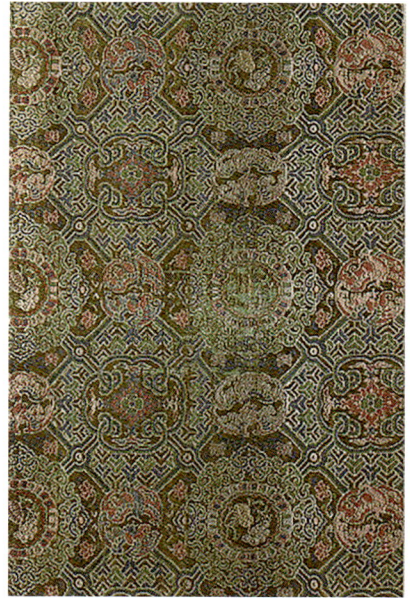

　　《龙王请斋图》卷为明代或清代书画作品，织物纹样取自手卷包首部位。此包首锦纹样为菱形内填饰纹样的锦式骨架形式。一排菱形内填四合如意团花纹，团花中心为折枝葡萄纹、荸荠，团花周围填饰折枝莲花纹。一排菱形内填四合蔓草纹，蔓草纹中心为十字型花纹，周围衬以满地琐纹，菱形骨架交叉处以喜相逢图式的蝙蝠纹点缀。纹样纵向色调相同，横向色彩变化丰富。

25 天华锦

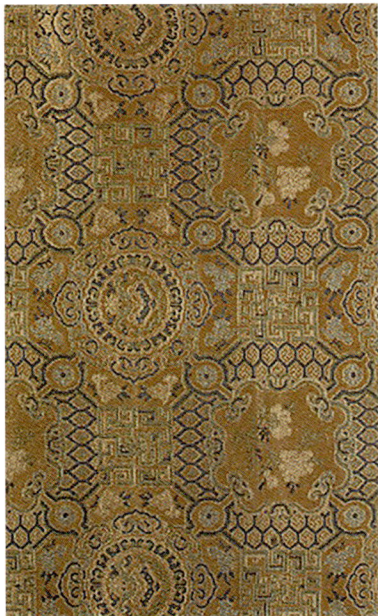

　　《鞑靼狩猎图》为明代或清代书画作品，织物纹样取自手卷包首部位。纹样以圆形、方形等几何图形作有规律的交错重叠，骨架线不明显。一圆形为四合蔓草纹，中间填饰折枝花卉纹，周围填饰满地龟背纹，龟背纹内饰卍字纹。一圆形为八合如意团花纹，周围填饰折枝花卉纹。如意团花纹上下左右为方形，方形由回纹构成，上下与左右方向构成方形的回纹具体形态不同。

明或清 佚名，(旧传)仇英：《鞑靼狩猎图》(*Tartar Huntsman*)
织物尺寸：纵31.4厘米，横23.5厘米
图案循环：经向约14.4厘米，纬向约14.0厘米
美国大都会艺术博物馆藏(藏品编号：19.166)

26　天华锦

元　佚名，(仿)李公麟:《九歌图》(*The Nine Songs: Illustrations to the Poems of Qu Yuan*)
织物尺寸:纵 33.9 厘米，横 25.3 厘米
图案循环:经向约 8.8 厘米，纬向尺寸不明
美国大都会艺术博物馆藏 (藏品编号 : 47.18.120)

　　《九歌图》卷疑为元代书画作品，织物纹样取自手卷包首部位。纹样以圆形、八角形、方形等几何图形作有规律的交错重叠，组成富于变化的锦式骨架。一排主题纹样为八角形内填饰折枝牡丹纹与圆形内填饰折枝莲花纹，八角形间以抽象花卉纹连接，圆形与八角形间以五瓣圆形朵花相连。一排为圆形与方形相间排列，分别填饰折枝莲花纹、卐字纹。周围填饰纹样主要有龟背纹、卐字纹、连钱纹及矩纹等多种小型几何纹，其中卐字填饰在方形骨架内。此包首锦主题纹样的交错连接与周围空地填饰纹样变化均较为丰富，纬向单元纹样循环较大，织物不完整。

27 天华锦

《江山清远图》卷为清代书画作品，织物纹样取自手卷包首部位。纹样为四合如意天华锦，图案布局紧密。主题纹样四合如意中心分别填饰蓝色、红色、棕色等不同色调的折枝牡丹等花卉纹，上下左右以小圆形相连，圆形中心分别填饰八瓣等圆形朵花纹、莲花纹。

清 佚名，(仿)夏圭：《江山清远图》(*Landscape*)
织物尺寸：纵36.5厘米，横21.2厘米
图案循环：经向尺寸不明，纬向约8.9厘米
美国大都会艺术博物馆藏(藏品编号：47.18.89)

28 四合如意天华锦

明或清 佚名：《会稽山图》(*The Hills of Kuaiji*)
织物尺寸：纵 49.2 厘米，横 23.2 厘米
图案循环：经向约 7.1 厘米，纬向约 6.4 厘米
美国大都会艺术博物馆藏（藏品编号：13.100.26）

　　《会稽山图》卷为明代或清代书画作品，织物纹样取自手卷包首部位。纹样为四合如意天华锦图式，此类天华锦骨架线最不明显，主题纹样对角线间以圆形八瓣朵花为骨架线相连。四合如意中心填饰团寿纹，另一圆形中心填饰圆形朵花纹。主题纹样上下二二错排，分别与不同方向、相同造型的蔓草纹相间排列，蔓草纹中心填织十字型朵花。此件包首锦布局与清代乾隆时期传世品"四合如意天华锦"（清华大学美术学院藏）较为类似，部分填饰纹样稍有不同。

29 四合如意天华锦

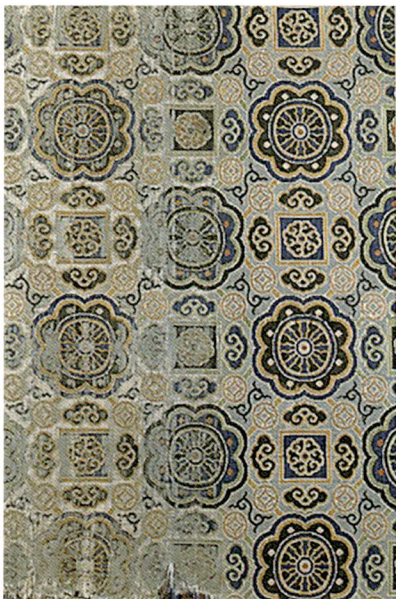

明 (传)董其昌:《云山图》(*Landscape*)
织物尺寸:纵26.9厘米,横20.1厘米
图案循环:经向约9.1厘米,纬向约9.1厘米
美国大都会艺术博物馆藏(藏品编号:55.211.1)

　　《云山图》卷为明代书画作品,织物纹样取自手卷包首部位。纹样为四合如意型天华锦图式,此类天华锦骨架线最不明显。四合如意纹中心填织方形,方形内填圆形朵花纹,六瓣朵花以逆时针方向旋转。圆形中心填饰车轮状几何图案。主题纹样间以古钱纹相连,上下两排交错排列。

30 球路纹锦

明 佚名：《花鸟图》(*The Hundred Birds*)
织物尺寸：纵50.0厘米，横24.5厘米
图案循环：经向约9.6厘米，纬向约27.9厘米
美国大都会艺术博物馆藏（藏品编号：54.123）

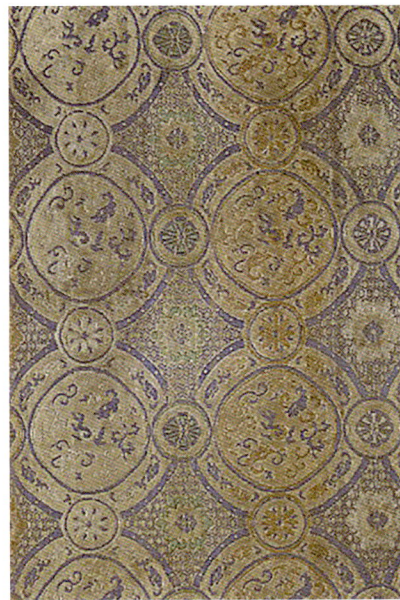

　　《花鸟图》卷疑为明代书画作品，织物纹样取自手卷包首部位。纹样以大小圆为骨架，内部填饰各种纹样，此种布局类型的球路纹在包首锦纹样中使用较多。大圆由外圈与内圈两圈纹饰构成，中心填织火球纹，外圈填饰如意云头纹。小圆中心分别填饰米字朵花纹和八瓣朵花纹。龟背锦群地纹中间填饰小团花纹。每排纹样色调不同，分别为绿色调、蓝灰色调、棕色调，相间排列。

31　簇六填花球路纹锦

《八骏图》卷为明代或清代书画作品，织物纹样取自手卷包首部位。纹样为相同大小的圆形相交而成的簇六球路纹图案形式，单元纹样较小，球路中心填饰四合如意纹。簇六球路纹在包首锦纹样中较为少见。

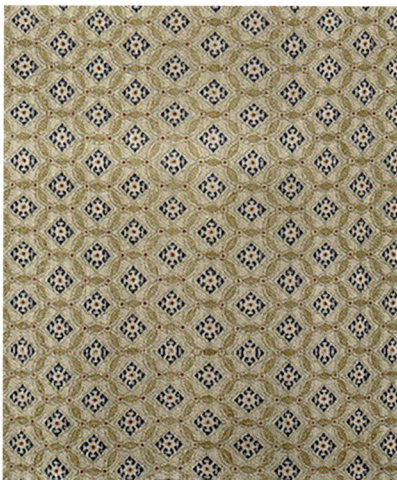

明或清 (传)赵孟頫：《八骏图》(*Eight Horses*)
织物尺寸：纵32.2厘米，横22.9厘米
图案循环：经向约2.3厘米，纬向约3.5厘米
美国大都会艺术博物馆藏(藏品编号：47.18.97)

32 琐纹锦

元 颜庚:《钟馗嫁妹图》(*The Demon Queller Zhong Kui Giving His Sister Away in Marriage*)

织物尺寸:纵30.3厘米,横19.3厘米

图案循环:经向约1.4厘米,纬向约0.7厘米

美国大都会艺术博物馆藏(藏品编号:1990.134)

　　《钟馗嫁妹图》卷为元代书画作品,织物纹样取自手卷包首部位。琐纹是以三角形为基础的纹样,以"Y"形单元纹样构成四方连续图案。纹样通过"Y"形线条的粗细、色调的不同形成具有立体感的小型几何纹样。

33 琐纹锦

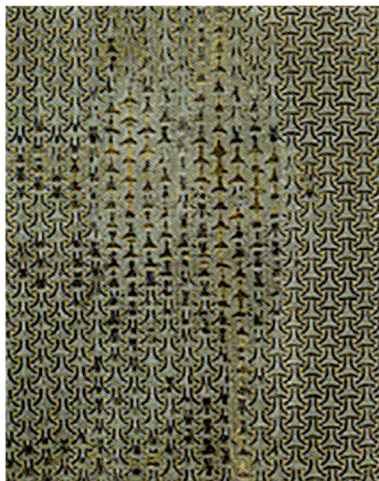

《秋山萧寺图》卷为宋代书画作品，织物纹样取自手卷包首部位。锦纹样由小型几何纹琐纹构成，上下交错排列构成四方连续纹饰，通过蓝色、黄色等色彩的变化排列使得纹样具有一定的层次感。

南宋 佚名，(仿)燕文贵:《秋山萧寺图》(*Buddhist Temples amid Autumn Mountains*)

织物尺寸:纵33.3厘米，横22.9厘米

图案循环:经向约1.1厘米，纬向约1.8厘米

美国大都会艺术博物馆藏(藏品编号:1983.12)

34　琐纹锦

明　张瑞图:《后赤壁图》(*Second Ode on the Red Cliff*)
织物尺寸：纵31.1厘米，横22.1厘米
图案循环：经向约1.2厘米，纬向约2.0厘米
美国大都会艺术博物馆藏(藏品编号：1989.363.108)

　　《后赤壁图》卷为明代书画作品，织物纹样取自手卷包首部位。织物纹样由琐纹构成，花纹两排一循环，上下交错排列成四方连续纹饰，单元纹样琐纹由两种形态的"Y"形线条构成，图案立体感强。

35 矩纹锦

《五帝朝元图》卷疑为明代书画作品，织物纹样取自手卷包首部位。矩纹是由两组相互平行或垂直的直线正交构成，每个单元纹样以45度角斜向排列。此锦纹样由蓝色、绿色、黄色等不同色调的小型单元纹样矩纹相互交错排列构成。

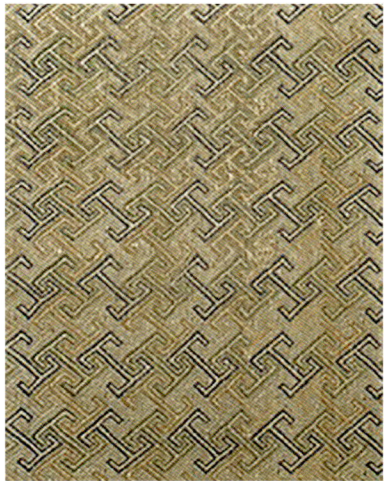

明 佚名，(仿)武宗元：《五帝朝元图》(*The Five Rulers at the New Year's Reception*)

织物尺寸：纵52.1厘米，横22.8厘米

图案循环：经向约2.9厘米，纬向约3.2厘米

美国大都会艺术博物馆藏(藏品编号：18.124.1)

36 矩纹锦

南宋 赵孟坚：《梅竹三诗图》(*Poems on Painting Plum Blossoms and Bamboo*)
织物尺寸：纵34.6厘米，横20.1厘米
图案循环：经向约4.1厘米，纬向约4.2厘米
美国大都会艺术博物馆藏(藏品编号：1989.363.28)

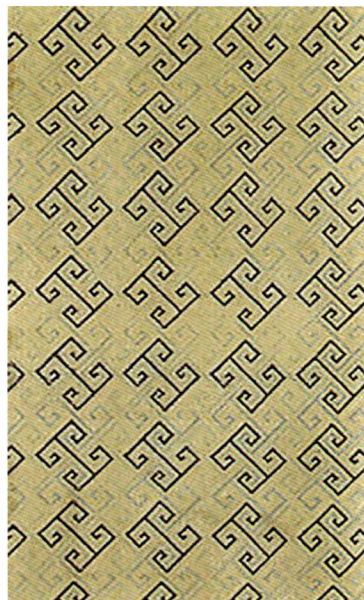

　　《梅竹三诗图》卷为宋代书画作品，织物纹样取自手卷包首部位。纹样以矩纹为题材，每个矩纹单元以45度角斜向排列。深色调矩纹单元与浅色调矩纹单元交错排列构成具有层次感的四方连续纹饰。

37 蛇皮纹锦

《胡笳十八拍文姬归汉图》卷为明代早期书画作品，织物纹样取自手卷包首部位。纹样由多个大小一致的小方格组成，通过不同色彩的组合排列设计，织物表面呈现出各种不同色彩、不同形态的菱形、多边形等几何形。此种由多个小方格组成的纹样一般称为蛇皮纹，清代较为流行。

明 佚名：《胡笳十八拍文姬归汉图》(*Eighteen Songs of a Nomad Flute: The Story of Lady Wenji*)

织物尺寸：纵29.2厘米，横21.1厘米

图案循环：经向约8.4厘米，纬向约8.3厘米

美国大都会艺术博物馆藏(藏品编号：1973.120.3)

38　蛇皮纹锦

明　钱榖:《兰亭修禊图》(*Gathering at the Orchid Pavilion*)
织物尺寸:纵24.8厘米，横22.8厘米
图案循环:经向约2.8厘米，纬向约11.5厘米
美国大都会艺术博物馆藏(藏品编号:1980.80)

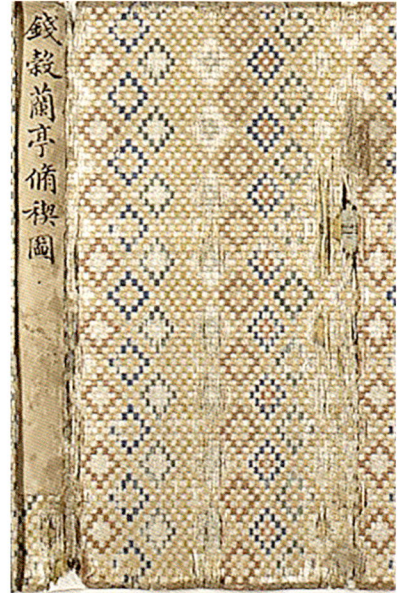

　　《兰亭修禊图》卷为明代书画作品，织物纹样取自手卷包首部位。纹样由多个大小一致的小方格组成，通过不同色彩的设计，织物表面呈现出蓝色、绿色、黄绿色、棕色等不同色彩的菱形小花纹，每组菱形花纹中心方格色彩不同。

39 簟纹锦

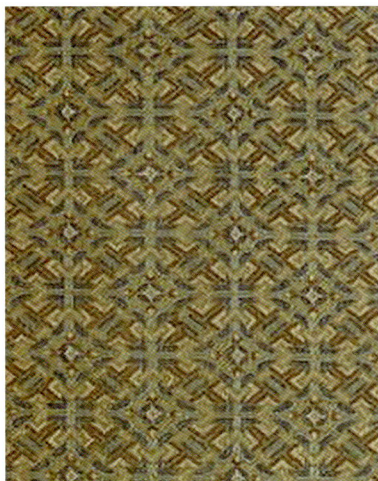

《群仙礼佛图》卷为明代或清代书画作品，织物纹样取自手卷包首部位。纹样以簟纹为主题，簟纹指一种竹席状的几何花纹。簟纹在装裱丝绸纹样中的使用主要是作为主题纹样单独构成图案，较少作为其他图案的地纹使用，这与卍字纹、连钱纹等其他小型几何纹多作为其他纹样的地纹使用形式较为不同。簟纹在装裱文献中曾有多处记载：南宋·周密《齐东野语》卷之六《绍兴御府书画式》云"出等真迹法书，……青绿簟文锦里"；元·陶宗仪《南村辍耕录》卷二十三《书画裱轴》云"……五色簟文，……青绿簟文"。

明或清 佚名，(仿)李公麟：《群仙礼佛图》(*Holy Men Travelling to the Buddhist Heaven*)

织物尺寸：纵34.0厘米，横17.3厘米

图案循环：经向约2.7厘米，纬向约3.3厘米

美国大都会艺术博物馆藏(藏品编号：18.25.2)

40 卍字不断头纹锦

明或清 佚名，(仿)赵孟頫：《西成归乐图》(*Happy Return from the West*)
织物尺寸：纵27.9厘米，横20.6厘米
图案循环：经向约1.6厘米，纬向约1.6厘米
美国大都会艺术博物馆藏(藏品编号：47.18.115)

　　《西成归乐图》卷为明代或清代书画作品，织物纹样取自手卷包首部位。卍字不断头纹在书画装裱丝绸纹样中大量存在，一般多作为地纹使用，单独作为主题纹样数量不多。借卍字四端伸出、连续反复而组成连绵不断的花纹，具有连绵长久的吉祥寓意。

41 卍字不断头纹锦

宋 佚名，(仿)王齐翰:《挑耳图》(*Library Scene*)
织物尺寸：纵25.1厘米，横18.6厘米
图案循环：经向约3.6厘米，纬向约4.7厘米
美国大都会艺术博物馆藏(藏品编号：47.18.49)

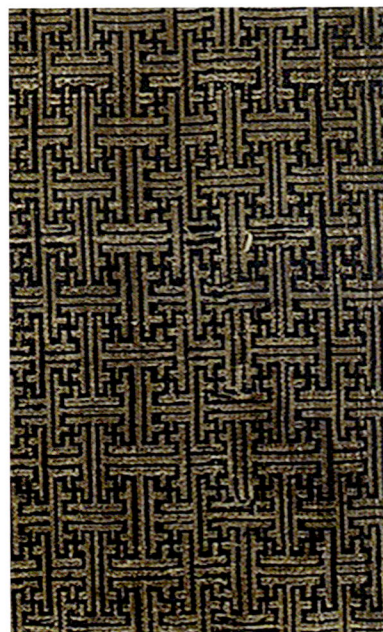

《挑耳图》卷疑为宋代书画作品，织物纹样取自手卷包首部位。纹样通过纵向与横向不同长度、宽度线段的交错排列，空隙处露出地色，形成卍字纹。此锦纹样与其他卍字不断头纹较有不同，构成图案的线条在延伸过程中为了形成卍字，有所中断，连续感不强，且线条的粗细变化较为丰富。

42　龟背卍字纹锦

明或清　佚名：《山水图》(*Landscape*)
织物尺寸：纵51.4厘米，横27.0厘米
图案循环：经向约1.3厘米，纬向约0.6厘米
美国大都会艺术博物馆藏(藏品编号：13.220.97)

　　《山水图》卷为明代或清代书画作品，织物纹样取自手卷包首部位。织物纹样单元纹样较小，由多个小型几何纹龟背纹上下交错排列构成，龟背纹内填织金色卍字纹。此种使用形式的龟背纹在装裱用锦及用绫纹样中较为少见，龟背纹多作为大型几何纹八达晕、天华锦等纹样的地纹使用。

43 团寿纹锦

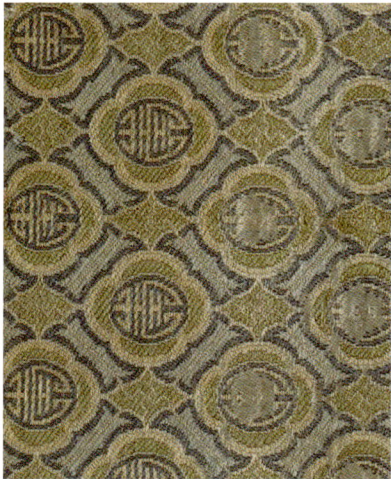

《群羊图》卷为清代书画作品，织物纹样取自手卷包首部位。装裱丝绸纹样中"寿"字一般多作为主题纹样与其他纹样共同构成图案，且多以团寿的形式出现。此包首锦纹样中团寿纹填织在四合圆形中心，与内饰卍字的菱形相间排列，由菱形四边伸出四条细线组成大菱形框架，框架内为团寿纹。

清 佚名:《群羊图》(*Landscape with Goats*)
织物尺寸:纵31.0厘米，横20.9厘米
图案循环:经向约2.9厘米，纬向约3.5厘米
美国大都会艺术博物馆藏(藏品编号:47.18.99)

44　琐纹地团寿纹锦

明或清　佚名，(仿)王维:《山水图》(*Landscape*)
织物尺寸:纵29.5厘米，横17.6厘米
图案循环:经向约4.3厘米，纬向约4.1厘米
美国大都会艺术博物馆藏(藏品编号:45.170.2)

　　《山水图》卷为明代或清代书画作品，织物纹样取自手卷包首部位。纹样以团寿纹、五瓣朵花纹为主要题材，两种主题纹样相间排列，花纹两排一循环，上下两两相错填织在琐纹地上。整幅图案中团寿色调均为蓝色，团寿外圈色调与相间排列的朵花色调相同，每排纹样色调不同，有蓝色、黄色、绿色等。

45 双矩地球路龙纹锦

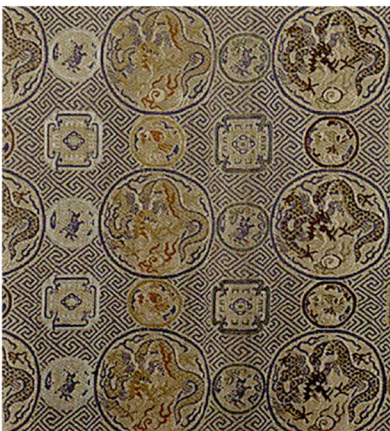

《秋江逸兴图》卷为清代书画作品，织物纹样取自手卷包首部位。纹样为大圆与小圆成相切状的球路纹布局，此种图案布局的球路纹锦题材较为相似，多以动物纹填饰。大圆内每排填饰不同色调的团龙戏珠纹，纵向色调相同。大圆上下方向的小圆形内饰公鸡纹、左右方向的小圆形内饰山羊纹，双矩锦纹地间饰方形填花纹。

清 (传)罗牧：《秋江逸兴图》(*River Landscape in Autumn*)

织物尺寸：纵32.7厘米，横25.0厘米

图案循环：经向约9.5厘米，纬向尺寸不明

美国大都会艺术博物馆藏(藏品编号：51.13)

46　团龙戏珠球路纹锦

清　石涛(朱若极)：《游张公洞图》(*Outing to Zhang Gong's Grotto*)
织物尺寸：纵46.8厘米，横27.5厘米
图案循环：经向约8.5厘米，纬向约8.2厘米
美国大都会艺术博物馆藏(藏品编号：1982.126)

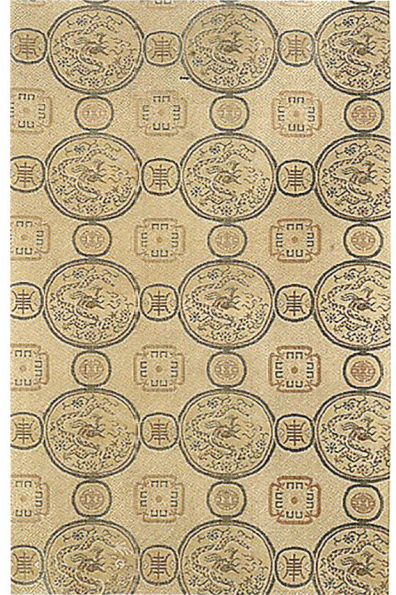

　　《游张公洞图》卷为清代书画作品，织物纹样取自手卷包首部位。纹样为球路纹，以大小圆为骨架，大圆内填饰团龙戏珠纹，小圆内填饰寿字纹，双矩锦纹地中间填饰方形填花纹。

47　螭龙寿纹锦

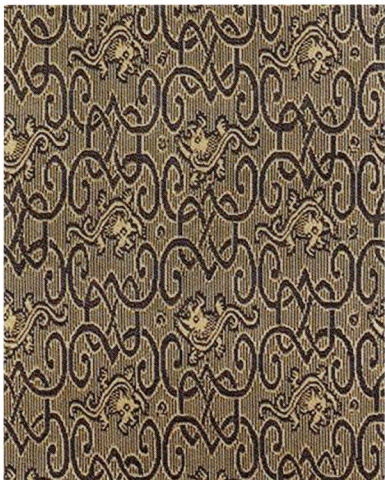

《戏婴图》卷为宋代书画作品，织物纹样取自手卷包首部位。螭龙在古代被视为吉祥之符，常用于服装、玉佩及日用器物。此织物纹样中螭龙为行龙状，与龙纹形态较为相似，无角、无鳞片、有四足，一排昂首向上，一排头向下前行，两排螭龙上下交错填织在变体寿字纹之间，地纹为细条纹直线。

宋　佚名，(仿)周昉：《戏婴图》(*Palace Ladies Bathing Children*)
织物尺寸：纵31.7厘米，横24.2厘米
图案循环：经向约5.5厘米，纬向约5.7厘米
美国大都会艺术博物馆藏(藏品编号：40.148)

48　夔龙球路纹锦

　　《秋江图》卷为明代书画作品，织物纹样取自手卷包首部位。纹样为以大小圆为骨架内填纹样的球路纹布局。大圆由外圈与内圈两圈纹样构成，大圆中心图案由一条大夔龙和两条小夔龙构成。夔龙是传说中的一种神兽，仅有一足，无鳞片，此种由大、小龙组成的图案称为"子孙龙"。外圈由奔兔纹与如意云头纹填饰。小圆内填饰各种圆形朵花纹，周围满地填饰龟背纹，龟背形中心为十字花纹。纹样纵向色彩相同，横向单元纹样夔龙色彩配置不同。

明　(传)项元汴：《秋江图》(*River Landscape*)

织物尺寸：纵30.7厘米，横18.1厘米

图案循环：经向约9.3厘米，纬向约8.9厘米

美国大都会艺术博物馆藏(藏品编号：1989.363.83)

49 夔龙球路纹锦

《长江万里图》卷为明代书画作品，织物纹样取自手卷包首部位。纹样为以大小圆为骨架，内填纹样的球路纹布局。大圆中心填饰四个造型、色彩各异的夔龙纹，外圈填饰奔兔纹与如意云头纹。与大圆上下左右相交的小圆内填饰八瓣、六瓣朵花纹。周围满地填饰龟背纹，龟背形中心为十字花纹，锦群地中间填饰圆形朵花纹。纹样色调变化丰富，纵向色调一致，横向夔龙纹色彩配置不同。

明 佚名，(旧传)夏圭：《长江万里图》(*River Landscape after Xia Gui*)

织物尺寸：纵61.1厘米，横32.3厘米

图案循环：经向约8.8厘米，纬向尺寸不明

美国大都会艺术博物馆藏(藏品编号：13.220.18)

50　琐纹地夔龙夔凤纹锦

唐　佚名，(仿)颜真卿：《竹山堂连句》
织物尺寸：纵28.2厘米，横18.1厘米
图案循环：经向约6.5厘米，纬向约6.9厘米
北京故宫博物院藏

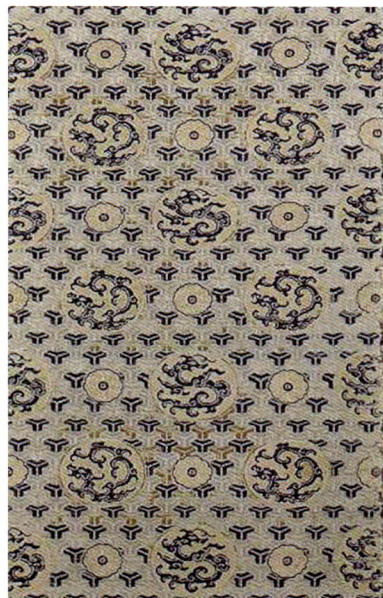

　　《竹山堂连句》册页为唐代书画作品，织物纹样取自册页面板部位。此册页面板纹样由圆形框架组成，大圆形内一排填织夔龙纹，一排填织夔凤纹，上下两两交错填饰在由蓝色、黄色、蓝灰色不同色调构成的琐纹地上，地纹立体感强。夔龙图案化，装饰性强，造型具有清代风格。

51 双矩地夔龙纹锦

《山水图》卷为明代—清代书画作品，织物纹样取自手卷包首部位。纹样以夔龙为主题，夔龙纹为游龙状，形态表现简单，嘴呈张开状，身形细长呈卷曲状，填织在六合圆形内。每排六合圆形底纹由蓝色、黄色、驼色、褐色等不同色调构成，与卍字纹相间排列，花纹两排一循环，二二错排填饰在双矩纹地纹上。

明—清 佚名，(仿)文伯仁：《山水图》(Landscape)
织物尺寸：纵24.3厘米，横17.8厘米
图案循环：经向尺寸不明，纬向约4.8厘米
美国大都会艺术博物馆藏(藏品编号：13.220.98)

52 云龙纹锦

清 高简：《说诗图》(*Discourse on Poetry*)
织物尺寸：纵36.1厘米，横21.6厘米
图案循环：经向尺寸不明，纬向约9.2厘米
美国大都会艺术博物馆藏(藏品编号：2008.270)

　　《说诗图》卷为清代书画作品，织物纹样取自手卷包首部位。纹样以龙纹和云纹为主题，龙纹为降龙状，以散点式穿饰于流云纹中，图案流动感强。上下两排降龙纹交错排列，色彩统一，均为绿色。流云纹无过多的转折弯曲，飘浮感强。每单条流云造型相似，由条状的卧云、带状云构成，有长有短，两头基本为尖状云尾。云纹色彩极为丰富，蓝色、红色、黄色、棕色等不同色彩的流云纹交错排列，色调统一的降龙纹突出于画面之上。

53 夔龙纹匣锦

明或清 佚名:《白描人物图》(*Family Visit*)
织物尺寸:纵31.8厘米,横19.8厘米
图案循环:经向约3.9厘米,纬向约3.9厘米
美国大都会艺术博物馆藏(藏品编号:47.18.50)

《白描人物图》卷为明代或清代书画作品,织物纹样取自手卷包首部位。此包首锦为八角形填花图案布局,以圆形、方形等几何形通过对角线四个方向的骨架线相互连接而成八角形框架。方形内填四瓣朵花纹,方形四边填饰夔龙纹,圆形内纹样由线条交织而成,与骨架线连为一体。此锦纹样与清初传世品"方格团寿纹匣锦"①(清华大学美术学院藏)较为相似,几何骨架内填饰纹样不同,图案布局及骨架线基本相同。

---

① 黄能馥,陈娟娟.中国丝绸科技艺术七千年[M].北京:中国纺织出版社,2002:360 图 9-63(清华大学美术学院藏,原件长 45 厘米,宽 20 厘米,传世品).

54　龙凤云纹锦

明　郑重：《搜山图》(*Searching the Mountains for Demons*)
织物尺寸：纵27.0厘米，横16.8厘米
图案循环：经向约7.9厘米，纬向尺寸不明
美国大都会艺术博物馆藏(藏品编号：1991.14)

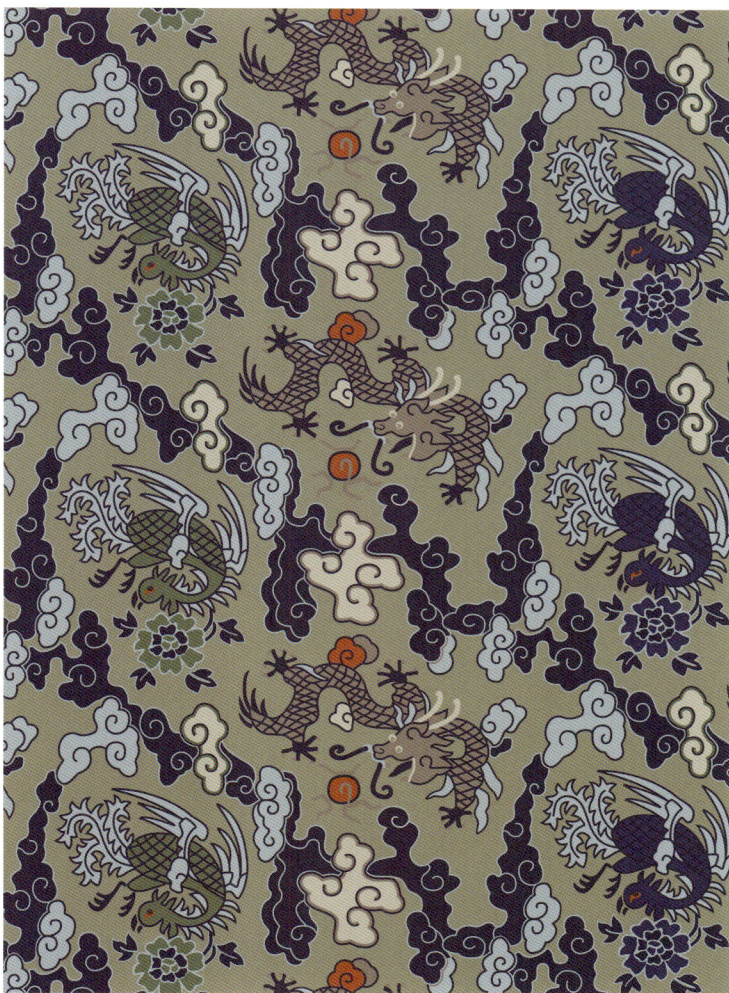

　　《搜山图》卷为明代末期书画作品，织物纹样取自手卷包首部位。纹样以龙、凤为主要题材，间饰连云纹。龙纹为行龙戏珠状，龙头扭转回视，身上有鳞，龙角及须髯较长，尾鳍由五条组成，爪为五爪。飞凤鸡头圆眼，扭转回视，头部前方有一牡丹花纹，颈部较长，腹部较大，有足。连云纹造型较为复杂，由多个大小、方向不同的如意云头连接而成，以45度角斜线方向穿插在龙纹与凤纹之间。如意云头多为二合式，与单勾卷的各种变化云头穿插组合，组合后的云纹呈斜线状，飘浮感较弱。连云纹色彩丰富，由白色、蓝色、黄色、绿色等多种色调组成。两列凤纹色调不同，一列以绿色为主色调，一列以蓝色为主色调。

55 凤穿牡丹球路纹锦

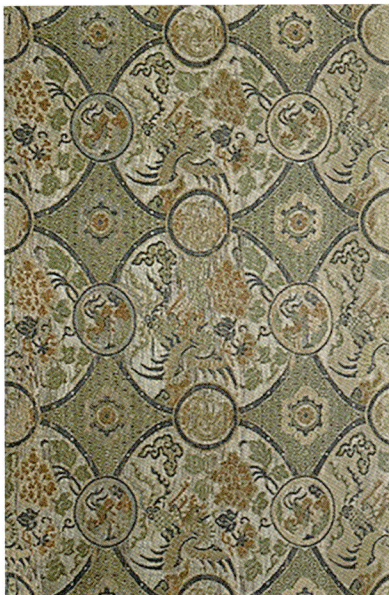

明或清 佚名，(旧传)裴宽:《秋郊散牧图》(*The Ten Horses*)
织物尺寸：纵31.3厘米，横26.1厘米
图案循环：经向约9.1厘米，纬向约8.7厘米
美国大都会艺术博物馆藏(藏品编号：13.220.21a, b)

　　《秋郊散牧图》卷为明代或清代书画作品，织物纹样取自手卷包首部位。纹样以一个大圆为中心，在垂直和水平骨架线上套以小圆形构成球路骨架，小圆与大圆成相交状。大圆中心由一只飞舞的凤凰及一朵盛开的牡丹花构成，飞凤刻画较为细致，此种凤穿牡丹纹明清时期尤为流行，寓意富贵吉祥。小圆形内填饰夔龙、锦鸡等动物纹，龟背锦纹地中间填织小团花纹。

56　云鹤莲花纹锦

明或清　佚名:《烟岚秋晓图》(*Autumn Landscape*)
织物尺寸:纵40.0厘米,横20.4厘米
图案循环:经向约12.0厘米,纬向约8.7厘米
美国大都会艺术博物馆藏(藏品编号:13.220.3)

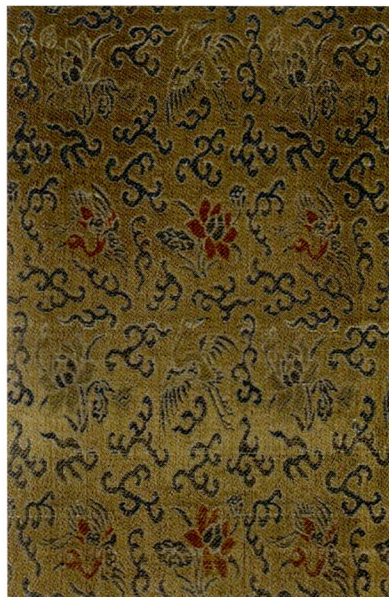

　　《烟岚秋晓图》卷为明代或清代书画作品,织物纹样取自手卷包首部位。同龙纹、凤纹一样,以仙鹤等动物纹为主题的锦织物纹样很少,仙鹤多与其他纹样组合构成图案。此包首锦以仙鹤、莲花为主题纹样,花纹两排一循环,一排为挺胸回首向上飞的仙鹤,色彩表现为黄色、蓝色;一排为向下飞的仙鹤,色彩表现为红色、蓝色。仙鹤纹半写实半图案化,与长出莲蓬的折枝莲花纹相间排列,荷叶较为写实。周围空地上满饰枝状朵云纹,曲折多叉,造型不一,有的有云尾,有的无云尾。此种形态的朵云与明代《大藏经》裱封图案中的火焰云形态类似,造型更为抽象、简洁。

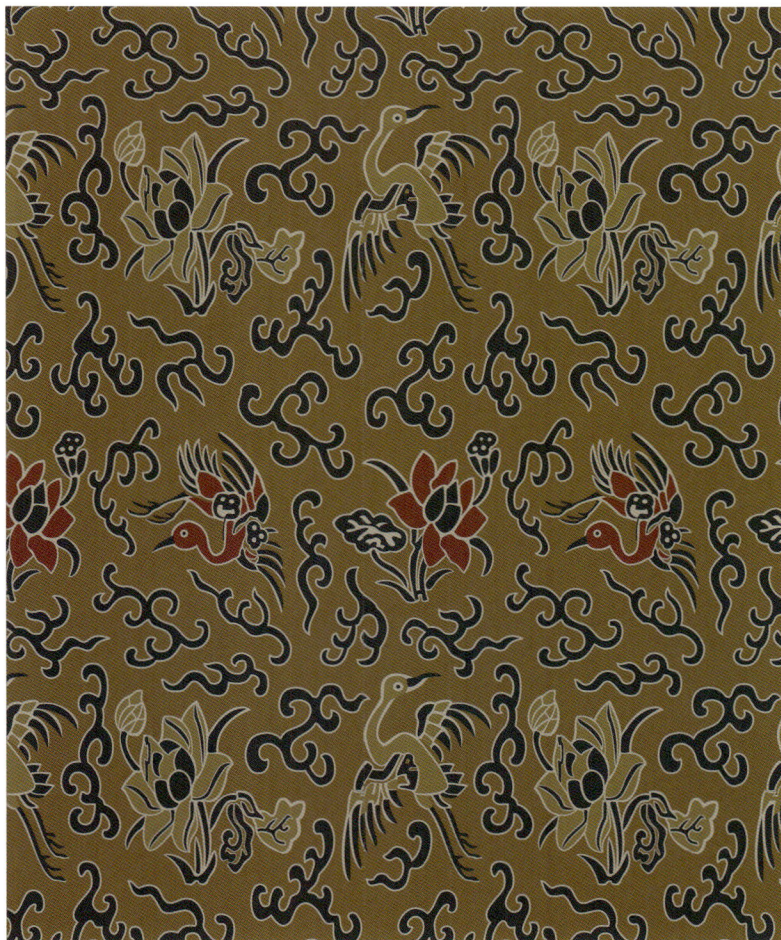

57 双矩地蝙蝠纹锦

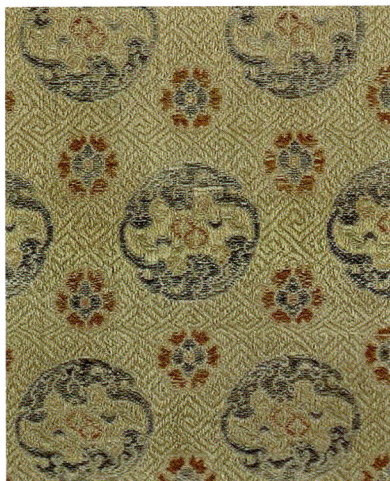

《蜀山行旅图》卷为明代或清代书画作品，织物纹样取自手卷包首部位。蝙蝠寓意"多福"，为明清丝绸织物中常见纹样，多与莲花、石榴、桃子、灵芝等有寓意的纹样组合构成图案，寓意"多子、多福、多寿"等。在包首锦纹样中蝙蝠纹较为少见，纹样中两只图案化的蝙蝠纹填织在圆形框架内，蝙蝠纹四周为小团花纹，填饰在双矩锦纹地上，纹样造型及布局具有清晚期匣锦风格。

明或清 佚名，(旧传)郭熙:《蜀山行旅图》(Mountain Scenery)
织物尺寸:纵48.3厘米，横29.2厘米
图案循环:经向约11.6厘米，纬向约5.8厘米
美国大都会艺术博物馆藏(藏品编号:13.220.96)

58　缠枝莲花纹织金锦

南宋　佚名:《阿弥陀佛接引图》(*Buddha Amitabha Descending from His Pure Land*)
织物尺寸:纵16.1厘米，横62.0厘米
图案循环:经向尺寸不明，纬向约13.2厘米
美国大都会艺术博物馆藏(藏品编号:1980.275)

　　《阿弥陀佛接引图》立轴为宋代书画作品，织物纹样取自立轴隔水部位，图案不完整。莲花是装裱丝绸纹样花卉纹中的一个重要装饰题材，单独作为主题纹样主要有两种形式，其中一种为缠枝莲，缠枝莲多为侧面状。此立轴隔水纹样以多重花瓣的缠枝莲为主要题材，莲花已长出莲蓬，荷叶较为写实。莲花花头硕大丰满，光艳富丽，具有典型的明代风格。

59　穿枝石榴花纹锦

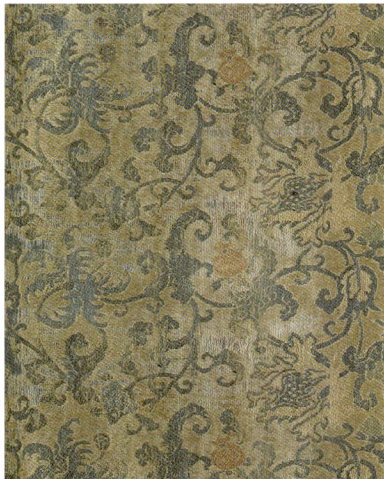

　　《白头翁海棠图》卷疑为宋代书画作品，织物纹样取自手卷包首部位。此包首锦为穿枝花式，由石榴花及果实石榴构成，果实类作为主题纹样单独构成锦纹样较为少见。纹样中有完全绽开的石榴花、亦有含苞待放的石榴花，黄色果实石榴填饰在石榴枝叶上。花、叶形态较大，占据了画面的主要部分，果实石榴相对较小，不同于果实类纹样与其他题材组合图案中以果实为主、枝叶为辅的纹样表现形式。

宋　佚名：《白头翁海棠图》(*Chinese Bulbuls on Flowering Cherry-Apple*)

织物尺寸：纵29.8厘米，横20.6厘米

图案循环：经向约8.4厘米，纬向约17.5厘米

美国大都会艺术博物馆藏(藏品编号：47.18.149)

60　曲水地莲花菊花纹锦

明或清　佚名：《八仙图》(*The Eight Drunkards*)
织物尺寸：纵21.6厘米，横21.8厘米
图案循环：经向约8.3厘米，纬向约13.8厘米
美国大都会艺术博物馆藏(藏品编号：19.149)

　　《八仙图》卷为明代或清代书画作品，织物纹样取自手卷包首部位。纹样以莲花、菊花为主要题材，在花卉纹样中这两种花卉的组合较为常见。折枝莲与折枝菊花表现图案化，上下交错填饰在曲水锦纹地上。莲花无莲蓬，花头为侧面观；菊花花头呈正侧面观，两重花瓣为放射状，花蕊为点状。

61 折枝牡丹纹锦

《归去来辞图》卷为元代或明代书画作品，织物纹样取自手卷包首部位。纹样为折枝花式，以牡丹为主要题材。花纹两排一循环，一排牡丹花头向上，一排牡丹花头朝下，上下交错排列，牡丹花头硕大、饱满，呈侧面观。此折枝花纹锦纹样色彩变化丰富。

元或明 佚名，(仿)钱选：《归去来辞图》(*Ode on Returning Home*)
织物尺寸：纵31.1厘米，横20.7厘米
图案循环：经向尺寸不明，纬向约14.1厘米
美国大都会艺术博物馆藏(藏品编号：13.220.124)

62 缠枝莲花纹锦

北宋 佚名:《杂阿含经卷》二十五(*Samyutagama Sutra, Chapter 25*)

织物尺寸:纵25.1厘米,横15.8厘米

图案循环:经向约6.4厘米,纬向约8.4厘米

美国大都会艺术博物馆藏(藏品编号:1989.363.2)

　　《杂阿含经卷》二十五为北宋书画作品,织物纹样取自手卷包首部位。缠枝纹样架构源自唐草,明代大为盛行,缠枝花式纹样常见牡丹、莲花等题材。此包首锦纹样中缠枝的主茎线作环状缠绕,主茎线盘绕接近于圆形,图案婉转流畅,莲花花头连接在弯转回旋的主茎线上,花头造型较小,布局较为松散。

63 穿枝菊花纹锦

《百花图》卷为明代或清代书画作品，织物纹样取自手卷包首部位。菊花单独作为主题纹样的包首锦纹样较少，缠枝菊花纹填饰在曲水锦纹地上，图案层次感强。完全绽放的菊花花头呈侧面状，具有多重花瓣，花头饱满，花瓣内层与外层色彩不同，每列菊花纹色彩配置均不相同。波状主茎线上布满写实枝叶及未完全绽放的侧面状小朵菊花纹，色彩各异。此菊花纹锦与清代传世品"缠枝菊花纹芙蓉妆"（清华大学美术学院藏）图案布局及菊花造型相似。

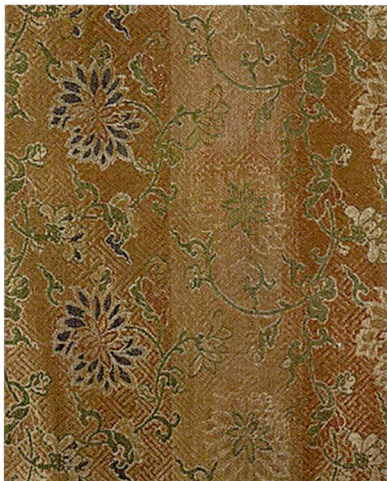

明或清 (传)王渊：《百花图》(*The Hundred Flowers*)
织物尺寸：纵35.0厘米，横22.3厘米
图案循环：经向约11.8厘米，纬向尺寸不明
美国大都会艺术博物馆藏(藏品编号：50.157)

64 芙蓉花纹锦

明或清 佚名:《唐人写经图》(*Three Buddhist Prayer Rolls*)(*fragments*)
织物尺寸:纵30.5厘米,横20.1厘米
图案循环:经向约11.1厘米,纬向尺寸不明
美国大都会艺术博物馆藏(藏品编号:13.220.128a－c)

　　《唐人写经图》卷为明代或清代书画作品,织物纹样取自手卷包首部位。纹样以芙蓉花为主要题材,基本呈正面状的芙蓉花由多重花瓣组成,花头硕大、色彩艳丽,花头四周延伸出深蓝色枝叶,纵向花头色彩相同,横向为红色、黄色、粉色,花纹上下交错排列。

65 四季花卉纹锦

　　《画牛图》卷为明代书画作品，织物纹样取自手卷包首部位。纹样为菊花、牡丹、梅花与莲花四种花卉纹的组合图案，为折枝花式。菊花与牡丹花头较为硕大饱满，基本呈正面观，菊花花头向上，由多重花瓣组成，花心一层与外层色彩不同，牡丹花头向下，枝叶在上。填饰在菊花与牡丹花两排花纹间的梅花与莲花花头较小，其中莲花一排，梅花与灵芝相间排列一排，四排花纹上下交错排列在曲水锦纹地上。纹样色调变化丰富，每排花纹色彩均不相同。

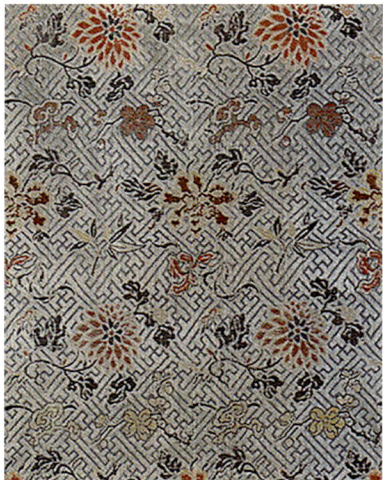

明 张宏:《画牛图》(*Water Buffaloes*)
织物尺寸:纵33.6厘米，横22.3厘米
图案循环:经向尺寸不明，纬向约9.0厘米
美国大都会艺术博物馆藏(藏品编号:67.6.2)

66 折枝花卉纹锦

明 佚名，(仿)吴镇：《墨竹图》(*Bamboos*)
织物尺寸：纵35.4厘米，横24.9厘米
图案循环：经向尺寸不明，纬向约10.2厘米
美国大都会艺术博物馆藏(藏品编号：47.18.117)

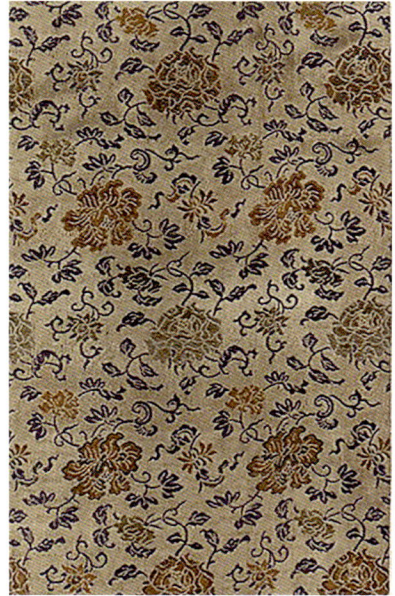

　　《墨竹图》卷疑为明代书画作品，织物纹样取自手卷包首部位。纹样为折枝花式，较为写实，构图饱满。纹样由牡丹、芙蓉、莲花与菊花四种花卉组合构成，以牡丹与芙蓉花为主体纹样，花头丰盈饱满，芙蓉花花瓣脉纹清晰，花蕊可见，莲花与菊花花头形态较小，分别与牡丹、芙蓉花相间排列。纹样色调变化丰富，花卉花瓣以两种色彩表现，每排花卉色彩配置均不相同。

67 莲花杂宝纹锦

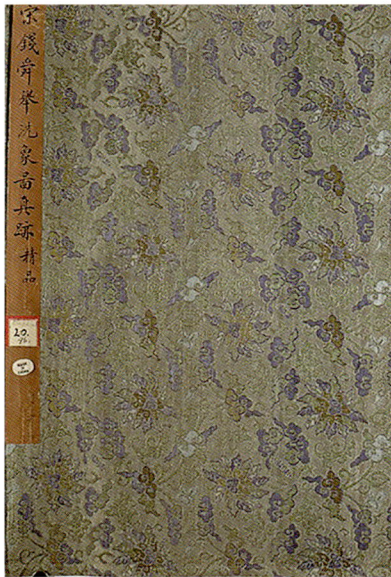

　　《洗象图》卷为明代或清代书画作品，织物纹样取自手卷包首部位。纹样由西番莲花纹与灵芝、宝书、犀角、艾叶等杂宝纹组成，莲花纹两排一循环，交错排列，周围满饰祥云纹，组成四方连续纹饰。

明或清 佚名，(仿)钱选：《洗象图》(*Washing the Sacred Elephant*)
织物尺寸：纵36.4厘米，横23.2厘米
图案循环：经向约9.2厘米，纬向约10.9厘米
美国大都会艺术博物馆藏(藏品编号：47.18.96)

68 莲花云纹锦

清 郑燮:《兰竹图》(*Orchids and Bamboo*)
织物尺寸:纵38.4厘米,横23.9厘米
图案循环:经向约9.1厘米,纬向尺寸不明
美国大都会艺术博物馆藏(藏品编号:1981.285.7)

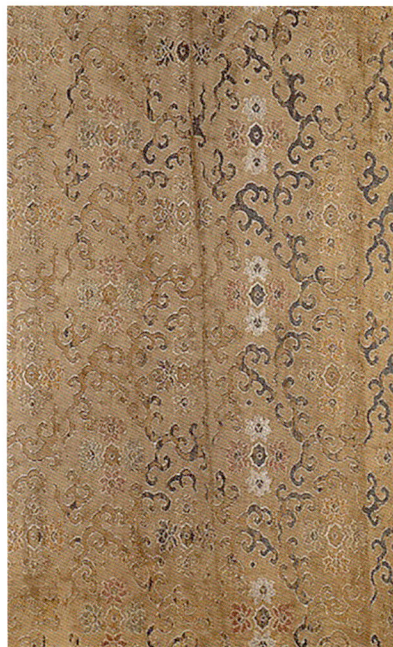

　　《兰竹图》卷为清代书画作品,织物纹样取自手卷包首部位。纹样以莲花、云纹为主要题材,莲花造型为无枝叶,只有花头的形式,图案化强。莲花呈侧面朵花状,四朵莲花组成十字型花纹,上下方向莲花同色,左右方向莲花同色,各种色彩配置的莲花单元纹样上下交错填饰在枝状云纹中间的空地上。

69 花卉杂宝织金锦

明 佚名:《观音送子图》(*Guanyin Bestowing a Son*)
织物尺寸:横77.5厘米,纵向尺寸不明
图案循环:尺寸不明
美国大都会艺术博物馆藏(藏品编号:1989.152)

　　《观音送子图》立轴为明代书画作品,织物纹样取自立轴天头、地头部位。纹样为穿枝花式,以莲花、牡丹、海棠花等花卉纹与杂宝为主要题材。莲花、牡丹、海棠花三种花头有规律地穿饰在"S"形波状主茎线上,花纹表现较为图案化,花头与一同穿饰在主茎线上的枝叶大小相近,与其他花卉纹图案中以硕大花头的突出表现较为不同。波状主茎线周围空地上可见犀角、如意等杂宝纹。

70 方格梅花纹锦

元 佚名:《释迦三尊图》(*Sakyamuni and Attendant Bodhisattvas in a Landscape*)
织物尺寸:纵3.8厘米,横49.3厘米
图案循环:经向约2.2厘米,纬向约2.2厘米
美国大都会艺术博物馆藏(藏品编号:1987.9)

　　《释迦三尊图》立轴为元代书画作品,织物纹样取自立轴锦眉部位。纹样以几何状梅花纹为主要题材,填织在纵横交错的双线条形成的方形框架内,图案布局为二二正排式。

71 曲水地三多纹锦

《渔乐图》卷为明代或清代书画作品，织物纹样取自手卷包首部位。织物花地分明，花纹突起，具有锦上添花的层次感。果实类纹样常与花卉纹及佛手、蝙蝠等组合构成具有一定寓意的吉祥图案。织物花纹四排一循环，一排为佛手，一排为长有莲蓬的莲花，一排为桃子，一排为露出籽粒的石榴，寓意榴开百子。这几种题材组合在一起构成的纹样，寓意"多福、多寿、多子"，俗称"三多纹"。此包首锦纹样与清光绪年间的传世品"曲水地缠枝三多纹锦"[①]（清华大学美术学院藏）纹样题材及图案布局类似，配色有所不同。

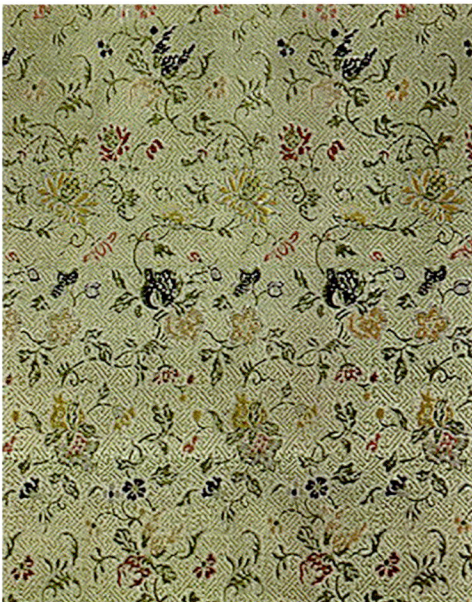

明或清 佚名，(仿)荆浩：《渔乐图》(*A Secluded Fishing Village*)
织物尺寸：纵47.4厘米，横28.6厘米
图案循环：经向约48.6厘米，纬向约8.8厘米
美国大都会艺术博物馆藏(藏品编号：29.100.530)

---

①黄能馥，陈娟娟.中国丝绸科技艺术七千年[M].北京：中国纺织出版社，2002：433 图 9–257.

72　折枝三多纹锦

明　佚名，(仿)陈容：《九龙行雨图》(*Nine Dragons*)
织物尺寸：纵39.7厘米，横21.7厘米
图案循环：经向约8.3厘米，纬向约12.2厘米
美国大都会艺术博物馆藏(藏品编号：47.18.86)

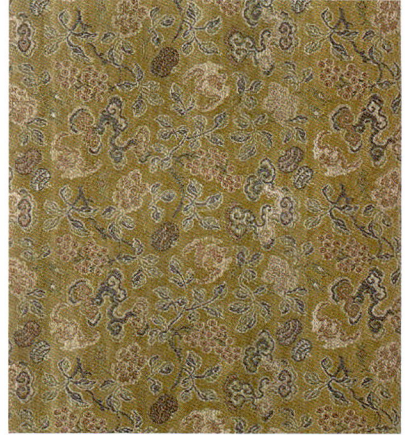

　　《九龙行雨图》卷疑为明代书画作品，织物纹样取自手卷包首部位。果实类纹样常与花卉纹、佛手、蝙蝠等组合构成具有一定寓意的吉祥图案，此包首锦纹样以折枝葡萄为主要题材，葡萄为"多子果实类"，每枝上有一串葡萄，上下两排葡萄纹方向相反，两排折枝葡萄纹间饰蝙蝠、灵芝、牡丹、荸荠等纹样，寓意"多子、多福、万事如意"。

73 折枝花杂宝纹织金锦

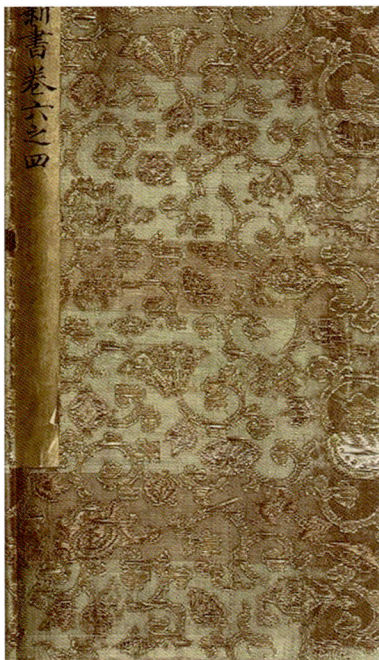

《世说新书第六卷残卷》为唐代书画作品，织物纹样取自手卷包首部位。纹样以折枝花、杂宝为主要题材，图案布局紧密，古钱、银锭、石磬、艾叶等杂宝纹填织在折枝花卉纹周围。

唐 佚名：《世说新书第六卷残卷》
织物尺寸：纵26.9厘米，横14.8厘米
图案循环：经向约10.3厘米，纬向约11.2厘米
日本东京国立博物馆藏(藏品编号：TB-1570)

74 团花织金锦

南宋 佚名：《阿弥陀佛接引图》(*Buddha Amitabha Descending from His Pure Land*)
织物尺寸：(天头)纵55.9厘米、横80.6厘米；(地头)纵26.6厘米、横80.6厘米
图案循环：经向约20.0厘米，纬向约10.0厘米
美国大都会艺术博物馆藏(藏品编号：1980.275)

《阿弥陀佛接引图》立轴为南宋书画作品，织物纹样取自立轴天头、地头部位。纹样由两排不同形态的团花组成，花纹两排一循环，上下交错排列。一排为六瓣团花，花瓣脉纹清晰，中心填织四瓣朵花，与古钱纹相间排列；一排为六合如意团花，中心填织米字朵花，与金锭相间排列。

75　如意团花几何纹锦

《蜀素帖》为北宋书画作品，织物纹样取自手卷包首部位。纹样由如意团花及八角形填花纹相间排列组成，周围满地填饰大小菱格纹。小菱格纹内饰四瓣朵花，大菱格纹内饰如意朵花，点缀于小菱格纹中间。其中大菱格纹既可视作地纹，又可视为图案中的一种主题纹样。

北宋　米芾：《蜀素帖》
织物尺寸：纵27.8厘米，横29.3厘米
图案循环：经向约11.2厘米，纬向约9.1厘米
台北故宫博物院藏

76　朵花纹匣锦

明或清　佚名：《垂钓图》(*Fishing Scene*)
织物尺寸：纵32.8厘米，横19.5厘米
图案循环：经向约2.9厘米，纬向尺寸不明
美国大都会艺术博物馆藏(藏品编号：47.18.47)

　　《垂钓图》卷为明代或清代书画作品，织物纹样取自手卷包首部位。纹样布局为小型八角形填花纹样，八角形框架由几何形图案构成。八角形中心填饰十字型朵花，纵向色调相同，横向为红色、绿色、蓝色、粉色等多种色调。上下左右以小八角形连接，小八角形中心填饰六瓣朵花纹。地纹八角形满饰连钱纹。主题花纹与地纹通过色调对比构成具有立体感的四方连续纹样。

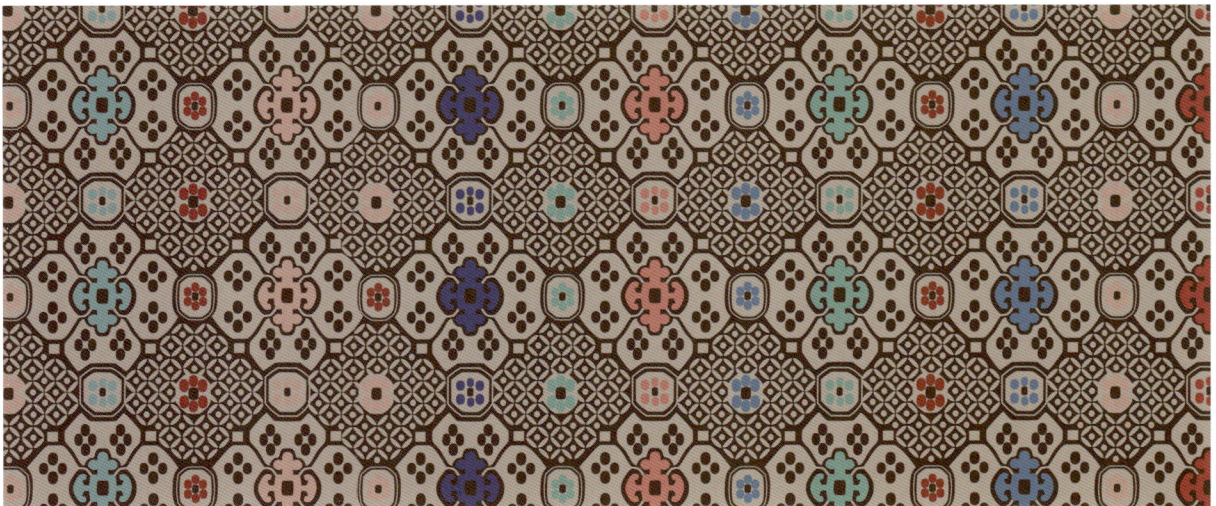

77 琐纹地朵花纹锦

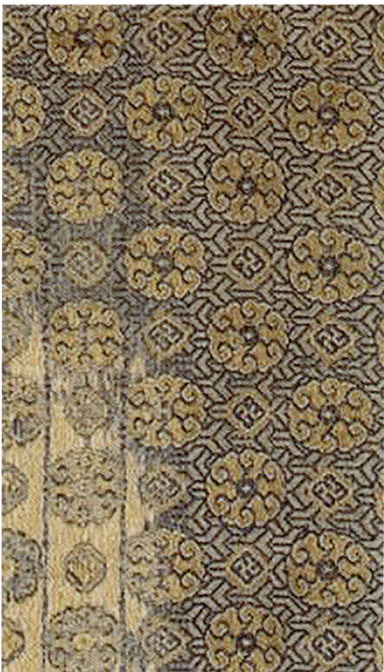

《云山图》卷为元末明初书画作品，织物纹样取自手卷包首部位。纹样以抽象花卉纹与小型几何纹为主要题材，圆形朵花与卍字纹相间排列，上下两两相错，填饰在琐纹地上。圆形朵花造型较为突出，以圆点为中心，六个花瓣相叠，呈逆时针方向旋转。

元末明初 方从义：《云山图》(*Cloudy Mountains*)
织物尺寸：纵27.0厘米，横19.0厘米
图案循环：经向约2.6厘米，纬向约2.9厘米
美国大都会艺术博物馆藏(藏品编号：1973.121.4)

78　朵花纹锦

清　柳堉：《溪山行旅图》(*Traveling amid Streams and Mountains*)

织物尺寸：纵27.3厘米，横16.7厘米

图案循环：经向约5.6厘米，纬向约4.7厘米

美国大都会艺术博物馆藏(藏品编号：1989.363.134)

　　《溪山行旅图》卷为清代书画作品，织物纹样取自手卷包首部位。纹样以朵花为主要题材，布局较为紧密。圆形朵花与十字型朵花相间排列，五瓣朵花填饰在十字型朵花纹对角线上。花纹两排一循环，上下交错排列构成四方连续纹饰。

79 朵花纹锦

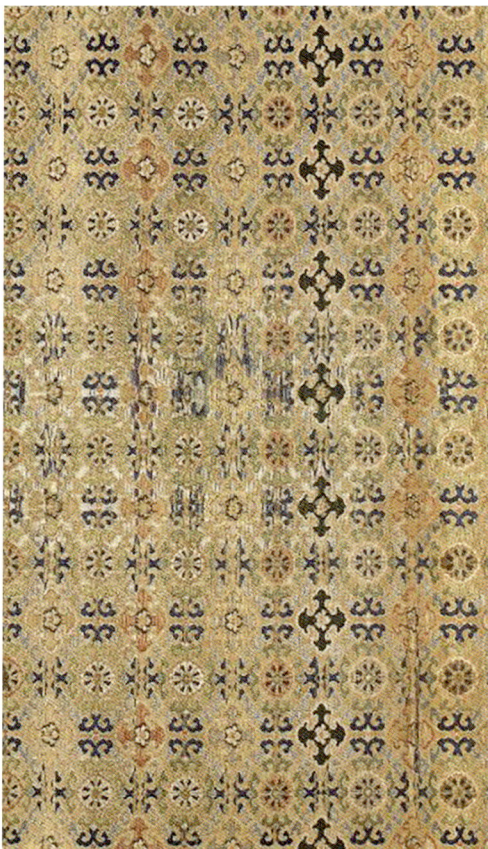

清 王原祁:《辋川图》(*Wangchuan Villa*)
织物尺寸:纵36.5厘米,横22.4厘米
图案循环:经向约4.5厘米,纬向尺寸不明
美国大都会艺术博物馆藏(藏品编号:1977.80)

《辋川图》卷为清代书画作品,织物纹样取自手卷包首部位。纹样由圆形朵花与十字型朵花上下交错排列构成。此锦色彩配置变化丰富,主题纹样横向色调各异,纵向色调相同。

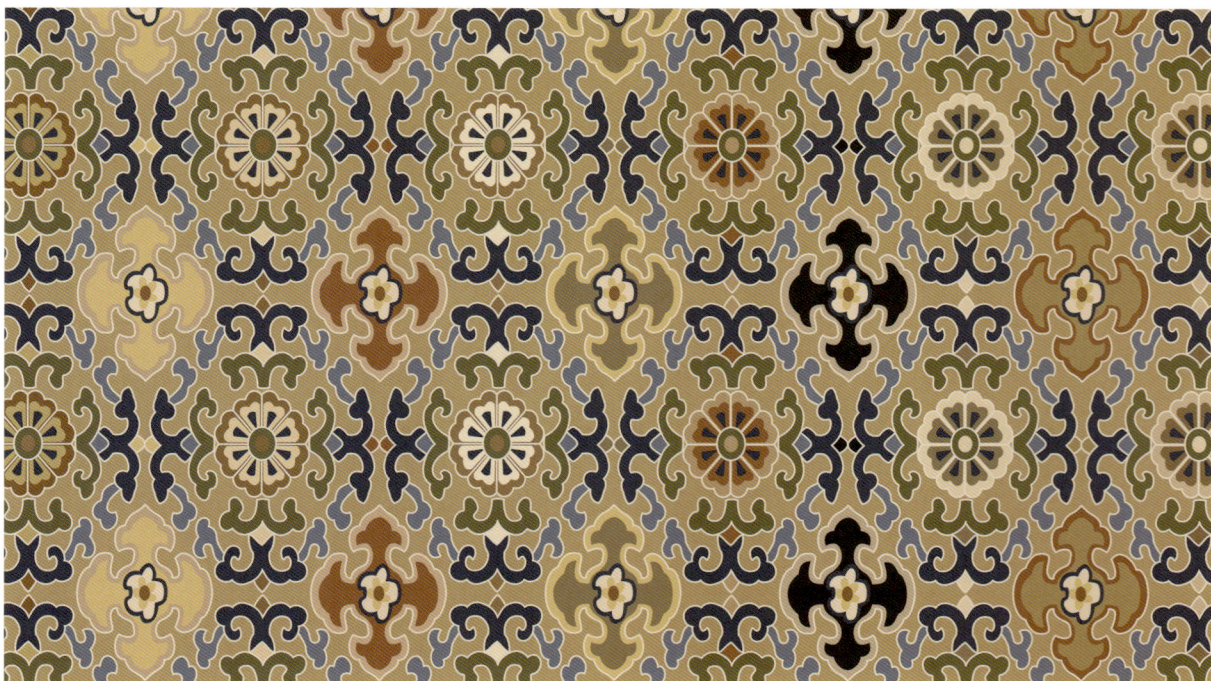

80 朵花云纹锦

明 (传)文同:《晚霞图》(*Rosy Sunset*)
织物尺寸:纵58.4厘米,横36.1厘米
图案循环:经向约3.6厘米,纬向约6.1厘米
美国大都会艺术博物馆藏(藏品编号:19.165)

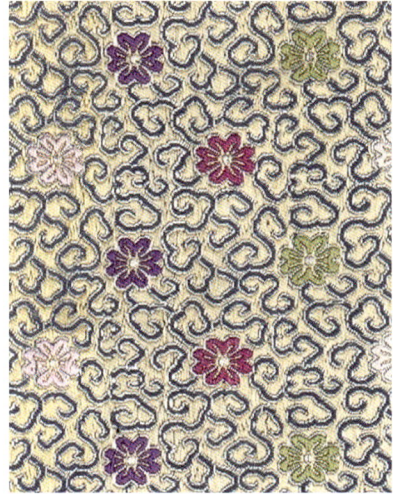

　　《晚霞图》卷为明代书画作品,织物纹样取自手卷包首部位。纹样以圆形朵花、朵云纹为主要题材,横向朵花纹色彩各异,蓝色、紫色、绿色、浅灰色朵花纹上下交错相间排列,纵向朵花纹色彩一致。朵花纹周围满地填饰朵云纹,朵云纹由涡形曲线构成,造型各异。

81 方棋圆花盘绦纹锦

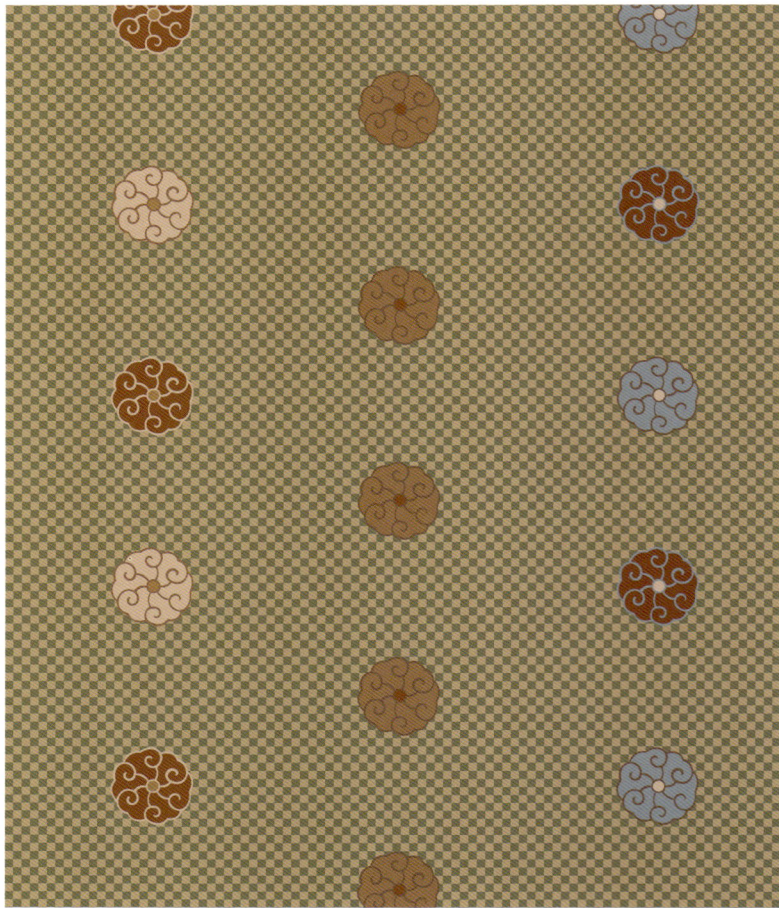

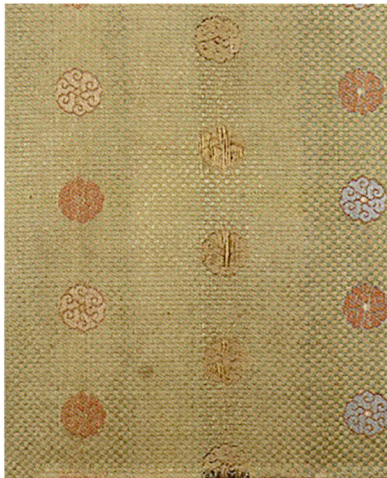

《文饮图》卷为明代书画作品，织物纹样取自手卷包首部位。此包首锦以盘绦纹为主题纹样，不同色彩、大小相同的圆花盘绦纹以散点状填织在方格地纹上，上下交错排列。现存织物画面中三列花纹色彩配置不同，其中左右两列不同色调的两个圆花盘绦上下循环排列，中间一列圆花盘绦纹色调相同。地纹由两种色彩的方形相间排列。方格作为地纹的使用形式，在书画装裱丝绸纹样中并不多见。

明 姚绶：《文饮图》(*Drinking to the Accompaniment of Letters*)
织物尺寸：纵24.6厘米，横19.2厘米
图案循环：经向约4.8厘米，纬向尺寸不明
美国大都会艺术博物馆藏(藏品编号：1989.363.44)

82　四合蔓草纹锦

清　王原祁：《江国垂纶图》(*Fishing in River Country at Blossom Time*)
织物尺寸：纵30.4厘米，横20.0厘米
图案循环：经向约8.3厘米，纬向约19.2厘米
美国大都会艺术博物馆藏(藏品编号：1989.363.157)

　　《江国垂纶图》卷为清代书画作品，织物纹样取自手卷包首部位。蔓草纹是指以花、草为题材，加以图案化成主题纹饰的一类图案。蔓草纹在隋唐时期最为流行，故又有"唐草"之称，明清时期其外形演变日趋完善丰富，成为一种富有特色的装饰图案。此包首锦以四合蔓草纹为主题纹样，蔓草纹中心填饰小团花，单元纹样间以几何形连接。纹样布局为二二错排形式，上下单元纹样在横向错开二分之一排列。

83 四合蔓草纹锦

　　《山水图》卷为明代或清代书画作品，织物纹样取自手卷包首部位。纹样以四合蔓草纹为主要题材，蔓草纹中心填饰小团花。主题单元纹样间以几何形连接，图案布局为二二正排，单元纹样蔓草纹在纵向和横向严格按照经线和纬线排列，图案纵向色调分别由绿色、蓝色、黄色等不同色调构成。

明或清　佚名，(仿)刘松年：《山水图》(Landscape)
织物尺寸：纵36.5厘米，横18.8厘米
图案循环：经向约8.3厘米，纬向尺寸不明
美国大都会艺术博物馆藏(藏品编号：29.160.30)

84　四合蔓草纹锦

明或清　佚名，(旧传)方从义：《壹巢云图》(Landscape)
织物尺寸：纵28.3厘米，横19.0厘米
图案循环：经向约9.7厘米，纬向约9.7厘米
美国大都会艺术博物馆藏(藏品编号：47.18.14)

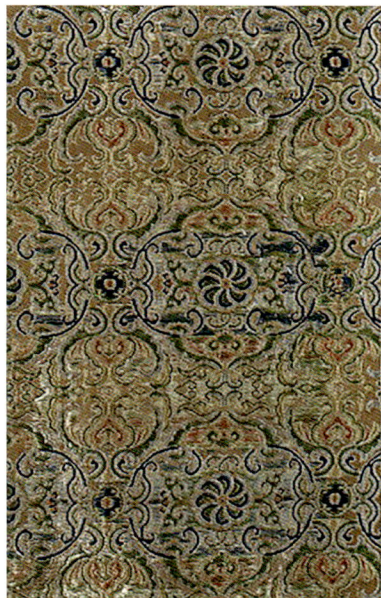

　　《壹巢云图》卷为明代或清代书画作品，织物纹样取自手卷包首部位。纹样以四合蔓草纹为主要题材，蔓草纹中心填饰八瓣朵花纹，花瓣呈逆时针方向旋转，图案布局为二二正排。此织物纹样与清代雍正时期的一件传世品"四合如意蔓草纹锦"(清华大学美术学院藏)图案及布局相同，色彩配置不同。

85 双矩地四合蔓草纹锦

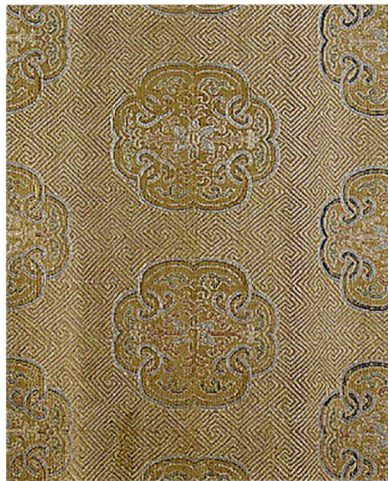

　　《蕖桂斋图》卷为明代书画作品，织物纹样取自手卷包首部位。纹样以蔓草纹为主要题材，蔓草纹中心为十字型花。主题单元纹样以散点形式填饰在双矩锦纹地上，上下两两交错排列。此包首锦纹样与清代一件传世品"双矩地四合蔓草纹锦"(清华大学美术学院藏)除色彩配置不同，图案形态、布局相同。

明　文徵明：《蕖桂斋图》(*The Cassia Grove Studio*)
织物尺寸：纵35.6厘米，横20.2厘米
图案循环：经向约9.2厘米，纬向约19.0厘米
美国大都会艺术博物馆藏(藏品编号：1989.303)

86　蔓草牡丹纹锦

明 (传)戴琬：《百鸟图》(*The Hundred Birds*)
织物尺寸：纵32.4厘米，横26.2厘米
图案循环：经向约20.1厘米，纬向约9.1厘米
美国大都会艺术博物馆藏(藏品编号：47.18.6)

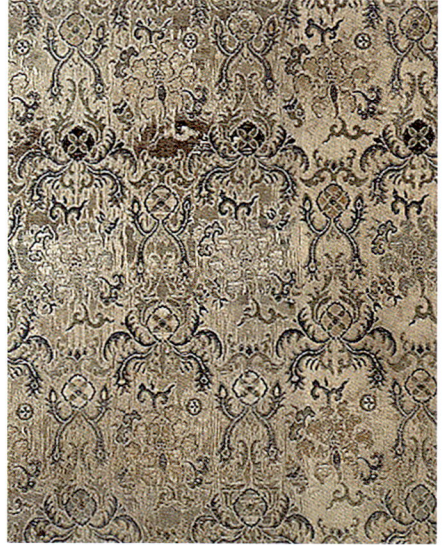

　　《百鸟图》卷疑为明代书画作品，织物纹样取自手卷包首部位。纹样由蔓草纹和折枝牡丹纹相间排列而成，花纹三排一循环，交错排列成四方连续纹饰。中间一排牡丹纹色彩为蓝灰色，上下两排为驼色，牡丹纹周围填饰双鱼、古钱等纹样。

87 八宝云纹锦

　　《山水十二景图》卷为明代或清代书画作品，织物纹样取自手卷包首部位，织物图案纵向及横向均不完整。现存画面纹样由金鱼、法轮等八宝纹构成，"S"形云纹填饰在主题纹样周围。云纹由多个造型相近的小朵云组成，无云尾，两头为涡纹状。

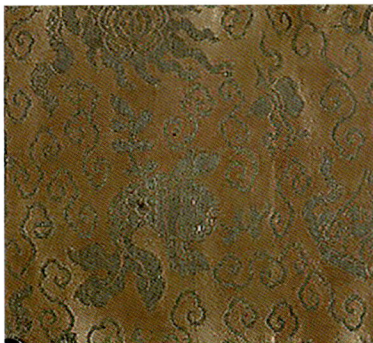

明或清　佚名，(旧传)夏圭，(旧传)范从义：《山水十二景图》(*Miniature Landscape*)
织物尺寸：纵12.6厘米，横14.9厘米
图案循环：尺寸不明
美国大都会艺术博物馆藏(藏品编号：47.18.13a,b)

88　散点杂宝纹锦

明　沈周:《四季花卉图》(*Flowers of the Four Seasons*)
织物尺寸:纵32.7厘米，横18.8厘米
图案循环:经向约9.1厘米，纬向尺寸不明
美国大都会艺术博物馆藏(藏品编号：1982.205)

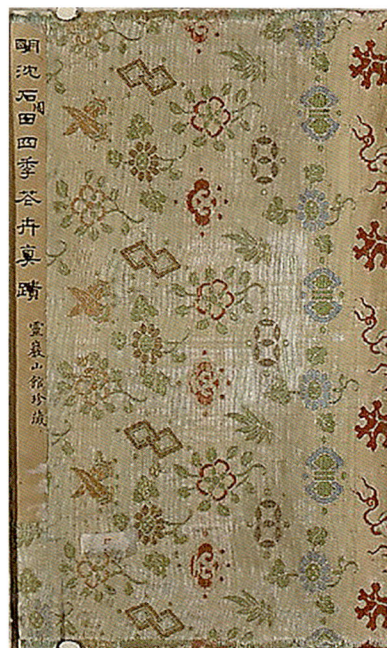

　　《四季花卉图》卷为明代书画作品，织物纹样取自手卷包首部位。杂宝纹作为主体纹样构成锦纹样的较少，此包首锦纹样中涉及的杂宝种类非常多，有犀角、古钱、火珠、珊瑚、艾叶、方胜、银锭、如意等，以散点式上下交错排列，组成四方连续纹饰。

89 落花流水纹锦

《吴兴赵氏三世人马图》卷为元代书画作品，织物纹样取自手卷包首部位。从书画装裱文献中多处对"落花流水"锦的记载可知，此种纹锦常用于装裱书画。此织物纹样中水纹形状似鱼鳞，水纹之上的"花"则为如意云头状，二合如意云头上下左右伸出四条云脚。水纹之中还有一些形状较小的抽象小云纹与鱼鳞状水波纹融在一起，图案流动感较强。

元 赵孟頫，赵雍，赵麟：《吴兴赵氏三世人马图》(*Man and Horse*)

织物尺寸：纵31.1厘米，横28.5厘米

图案循环：经向约8.6厘米，纬向约7.8厘米

美国大都会艺术博物馆藏(藏品编号：1988.135)

90 落花流水纹锦

南宋 佚名，(传)李公麟:《幽风七月图》(Odes of the State of Bin: The Seventh Month)
织物尺寸：纵29.7厘米，横19.9厘米
图案循环：经向约6.7厘米，纬向约6.0厘米
美国大都会艺术博物馆藏(藏品编号：1982.459)

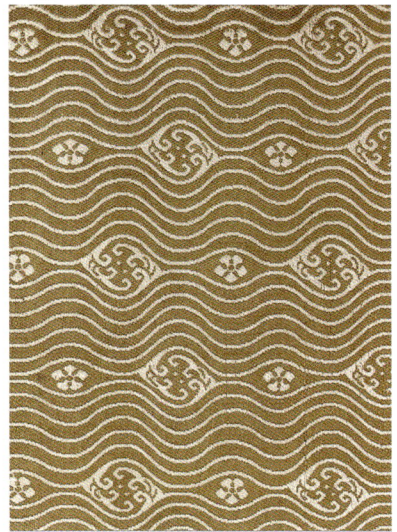

《幽风七月图》卷为南宋书画作品，织物纹样取自手卷包首部位。纹样由流动曲折的水波纹组成，水波纹形态较为简单，为单纯的"S"形波状纹线，水波纹中漂浮着五瓣朵花，逆时针方向旋转的六瓣朵花犹如浪花，与水波纹曲线连成一体。

装
裱
绫

91　云凤纹绫

清　佚名：《锦堂图》(*Brocade Hall*)
织物尺寸：纵30.2厘米，横38.4厘米
图案循环：经向约7.2厘米，纬向约17.5厘米
美国大都会艺术博物馆藏(藏品编号：13.100.35)

　　《锦堂图》卷为清代书画作品，织物纹样取自手卷天头部位，手卷隔水及副隔水纹样与此天头纹样相同，色彩及织物使用方向不同。纹样以飞凤和云纹为主要题材，飞凤表现较为图案化，不规则涡形线条构成的流云纹填饰于飞凤纹周围。纹样两排一循环，一排飞凤尾羽为三条锯齿状，凤头较大，曲颈飞翔，颈部有散羽，两足较短；一排飞凤尾羽为卷草状，凤颈较短，凤头侧视，两足较长；两排飞凤凤头相对，此种图案形式带有"鸾凤呈祥"的吉祥意义。

92　云凤纹绫

北宋　张择端：《清明上河图》
织物尺寸：纵24.8厘米，横11.3厘米
图案循环：经向约14.4厘米，纬向尺寸不明
北京故宫博物院藏

　　《清明上河图》卷为北宋书画作品，织物纹样取自手卷隔水部位，纹样不完整。以飞凤为主题纹样，流云纹填饰于飞凤纹周围。飞凤半写实半图案化，凤眼鸡冠头，颈部较长似忍冬花枝状，凤鳞呈菱形，双翅展开，凤翅、颈部与腹部刻画精细，六条锯齿状尾羽呈打开状，凤足细长如鹤。几何形双线条表现的流云纹弯转回旋在飞凤周围，流动感强。在云凤纹绫纹样中，此隔水中的凤头表现最为丰富，飞凤造型刻画得亦最为细腻、写实。

93 云凤纹绫

南宋 马和之：《陈凤图》(*Illustrations to the Odes of Chen*)[①]
织物尺寸：纵26.7厘米，横7.4厘米
图案循环：经向约17.1厘米，纬向尺寸不明
大英博物馆藏(藏品编号：1964,0411,0.1)

　　《陈凤图》卷为宋代书画作品，织物纹样取自手卷隔水部位，纹样不完整，手卷另两幅隔水纹样为不同造型的云凤鸟纹绫。此隔水纹样由飞凤和连云构成，一飞凤迎头向上飞，一飞凤呈向下飞翔状，两凤均无足，腹部与尾部连接处散羽较长。一凤尾为五条锯齿状飘带，一凤尾为卷草状，飞凤表现半写实半图案化。连云纹饰于飞凤纹周围，每组连云由两到三个二合如意云头组成，云头之间以带状云脚相连，在如意云头的上方或左右两边再伸出一条或两条云脚。

①浙江大学中国古代书画研究中心.《宋画全集》第六卷第六册 [M]. 杭州：浙江大学出版社，2008.

94 云凤纹绫

唐 佚名，(仿)顾恺之:《女史箴图》(*Admonitions of the Instructress to the Court Ladies*)
织物尺寸：纵24.37厘米，横7.5厘米
图案循环：尺寸不明
大英博物馆藏(藏品编号：1903,0408,0.1)

    唐代摹本《女史箴图》卷为乾隆"四美"图之一，织物纹样取自手卷隔水部位，此手卷隔水纹样变化丰富，有云凤纹绫、云凤鸟纹绫、云鹤纹绫等。此隔水纹样不完整，现存画面为云凤纹绫，飞凤两翅及腹部不大，尾部散羽较长，尾羽呈锯齿飘带状。流云纹由涡状线条组合而成，作为适合纹样填饰在主题纹样飞凤纹周围。

95 云凤鸟纹绫

南宋 赵昚:《宋孝宗诗帖》①
台北故宫博物院藏

《宋孝宗诗帖》册页为宋代书画作品,织物纹样取自册页绫本,单元纹样由一只飞凤和一只鸟组成。图案两排一循环,一排为鸟纹,一排为凤纹,上下交错排列构成四方连续纹饰。飞凤双翅展开,不大,无足,腹部较小,五条锯齿状长尾羽飘向一侧。鸟身及两翅相对较小,鸟尾四条,其中两条较长。流云由若干个涡形曲线连接而成,无明确的如意云头和云尾之分。各种弯转回旋的涡形曲线相互连贯在一起,组合方式自由多样,造成一种连绵不断、流动不息的装饰氛围。根据对装裱用锦绫纹样整理发现,此种形态的云纹与凤、鸟动物纹的组合最为常见,根据涡纹的具体形状、弯转回旋的位置及排列的不同有着多种类似风格的流云纹。

---

① 何传馨. 文艺绍兴:南宋艺术与文化·书画卷 [M]. 台北:台北故宫博物院,2010:110.

96 云凤鸟纹绫

南宋 佚名：《别苑春山图》(*Retreats in the Spring Hills*)
织物尺寸：纵26.7厘米，横13.3厘米
图案循环：经向约13.4厘米，纬向约9.9厘米
美国大都会艺术博物馆藏(藏品编号：1989.363.8)

　　《别苑春山图》卷为宋代书画作品，织物纹样取自手卷隔水部位。单元纹样由一只飞凤和一只鸟组成。装裱用绫纹样云凤鸟纹绫中，单元纹样多为二凤二鸟或二凤四鸟，此种一凤一鸟单元组合的云凤鸟纹绫较为少见。图案两排一循环，一排为鸟纹，一排为凤纹，上下交错排列构成四方连续纹饰。飞凤口衔五瓣朵花，凤头上有三根向上的长翎，颈部较细呈"L"状，展翅，五条锯齿状长尾飘向一侧。鸟身及两翅相对较小，鸟尾细长。云纹由不规则涡形单线条构成，满饰飞凤与鸟纹周围。

97   云凤鸟纹绫

北宋 刘寀:《落花游鱼图》(*Fish Swimming amid Falling Flowers*)[①]
织物尺寸:纵26.8厘米,横向尺寸不明
图案循环:尺寸不明
美国圣路易斯艺术博物馆藏(藏品编号:97:1926.1)

　　《落花游鱼图》卷为宋代书画作品,织物纹样取自手卷隔水部位,纹样不完整。现存画面单元纹样为一凤一鸟,上下交错排列。飞凤尾部为卷草状,颈部较短,两翅不大,腹部与尾部之间散羽较多。鸟纹呈反身向下俯冲状,身躯与头部连为一体,身形较短小,尾羽不长,为飘带状。不规则流云纹由粗细不一的涡纹线条组成,作为适合纹样填饰在飞凤与鸟纹之间。

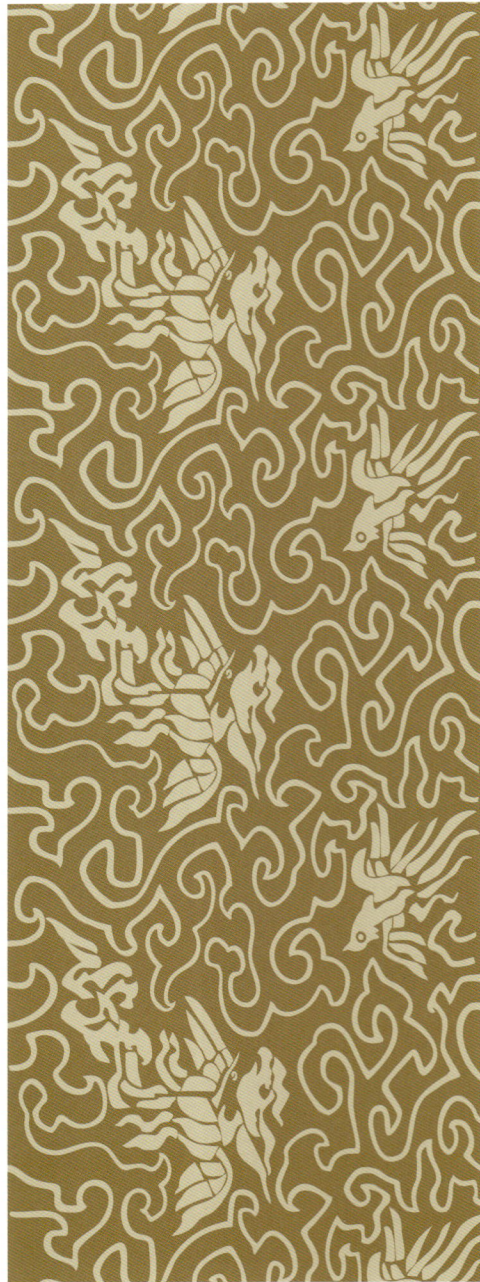

①浙江大学中国古代书画研究中心.《宋画全集》第六卷第六册 [M].杭州:浙江大学出版社,2008.

98　云凤鸟纹绫

南宋 (传)马和之:《诗经·小雅·节南山之什图》
织物尺寸:纵26.2厘米,横11.6厘米
图案循环:经向约8.4厘米,纬向约6.8厘米
北京故宫博物院藏

《诗经·小雅·节南山之什图》卷为南宋书画作品,纹样取自手卷隔水部位,手卷天头与此隔水纹样相同,色彩及织物使用方向不同。单元纹样为二凤二鸟,图案两排一循环,一排为一只向上飞的凤纹和一只向上飞的鸟纹,一排为一只向下飞的凤纹和一只朝下飞的鸟纹,两排凤纹凤头相对,由涡纹曲线构成的流云纹填饰在飞凤与鸟纹周围的空地上。两排飞凤形态基本相同,具体表现稍有区别,凤眼、鸡冠头,两翅张开、不大,腹部为梭形,尾羽为五条锯齿状飘带,腹部与尾部连接处有散羽。鸟纹相对双翅较大,腹部如飞凤亦为梭形,尾羽呈三条飘带状。

99 云凤鸟纹绫

　　《九歌图》卷为宋代书画作品，乾隆"四美"图之一，织物纹样取自手卷天头部位。单元纹样由两只造型不同的飞凤和两只鸟组成，一排向上飞，一排向下飞。飞凤主要表现为凤眼、鸡冠头，颈部作"L"形连接，凤翅呈展开状，无足。锯齿状凤尾四到五条，呈打开状。腹部与尾部连接处有散羽，腹部造型不明显，由零散的菱形构成。鸟身为月牙形，与头部连为一体。由涡纹状线条组成的流云纹造型不一，长短不一，作为适合纹样填饰在主题纹样周围。

宋 佚名：《九歌图》
织物尺寸：纵52.0厘米，横45.0厘米
图案循环：尺寸不明
中国国家博物馆藏

100 云凤鸟纹绫

唐 佚名，(仿)顾恺之:《女史箴图》(*Admonitions of the Instructress to the Court Ladies*)
织物尺寸：纵24.37厘米，横10.7厘米
图案循环：经向约12.8厘米，纬向约10.4厘米
大英博物馆藏(藏品编号：1903，0408，0.1)

　　唐代摹本《女史箴图》卷为乾隆"四美"图之一，织物纹样取自手卷隔水部位。此隔水单元纹样由两只造型不同的飞凤和两只鸟组成，两排飞凤均呈向下飞翔状，鸟纹与凤纹相间排列，均向上飞翔，弯转回旋的流云纹作为适合纹样填饰在飞凤与鸟纹周围。飞凤表现为凤眼、鸡冠头，颈部作"L"形连接，凤翅呈展开状，无足。锯齿状凤尾四到五条，呈打开状，腹部为梭形，纹样刻画较为精细。鸟身为月牙形，与头部连为一体，腹部表现如凤，鸟尾五条，局部较长。

101 云凤鸟纹绫

《平安何如奉橘三帖》卷为东晋书画作品，织物纹样取自手卷隔水部位，手卷天头与此隔水纹样、色彩相同，织物使用方向不同。单元纹样为二凤二鸟，花纹两排一循环，一排飞凤向上飞，一排飞凤向下飞，转头回视。飞凤颈部较短呈"Y"状，嘴较尖，凤翅较小，尾羽呈四条飘带状，腹部为梭形。此种造型的飞凤与元代"驼色地鸾凤串枝牡丹莲纹锦"①中凤纹的头部、嘴及凤翅部位较为相似，颈部形态同明代凤纹较为相似。鸟纹尾羽较长。云纹与其他云凤鸟纹绫中的众多云纹相似，由涡纹状曲线构成，填饰在飞凤与鸟纹周围。

东晋 王羲之：《平安何如奉橘三帖》
织物尺寸：纵24.7厘米，横9.1厘米
图案循环：经向约6.8厘米，纬向约12.5厘米
台北故宫博物院藏

① 赵丰.中国丝绸通史[M].苏州：苏州大学出版社，2005：357，图6-3-9.

102　云凤鸟纹绫

唐　怀素:《苦笋帖》
织物尺寸:纵25.1厘米，横7.8厘米
图案循环:经向约13.2厘米，纬向约6.9厘米
上海博物馆藏

　　草书《苦笋帖》卷为唐代书画作品，织物纹样取自手卷隔水部位。纹样以飞凤、鸟纹为主要题材，单元纹样为二凤二鸟，花纹两排一循环，上下交错排列。两只飞凤一只头朝上飞，一只头朝下飞，两只鸟均头朝下飞。两飞凤形态相似，颈部呈"Y"状，较粗；两翅张开，不大；腹部为梭形，表现简单；尾羽呈四条飘带状，飘向一侧；腹部与尾部连接处无散羽；无足。两鸟尾羽均呈三条飘带状，一鸟腹部为梭形，一鸟为月牙身。流云纹由涡纹曲线构成，填饰在主题纹样凤纹、鸟纹周围。

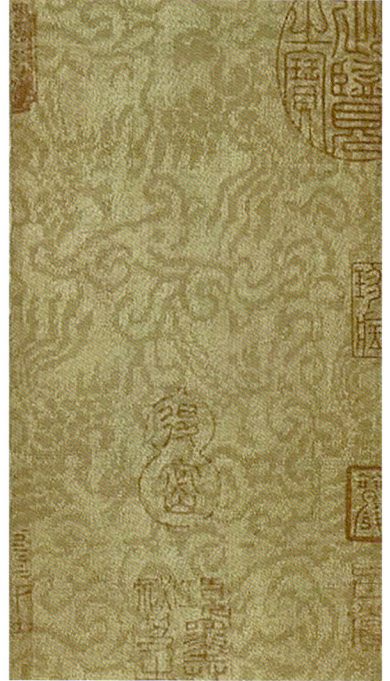

103　云凤鸟纹绫

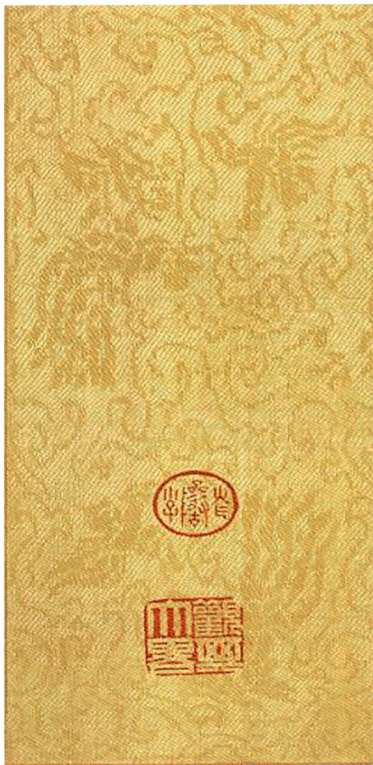

《书谱》卷为唐代书画作品，织物纹样取自手卷隔水部位。纹样由一排向上飞的凤与一排向下飞的凤组成，鸟纹与凤纹相间排列，纹样布局较为紧密。飞凤双翅不大，尾部散羽较多，五条锯齿状尾羽，凤头、凤颈形态特征不明显，无足。鸟纹双翅表现如凤纹，身躯较大。造型不一的流云纹粗细不均地填饰在主题纹样凤鸟纹周围。

唐　孙过庭：《书谱》
织物尺寸：纵26.5厘米，横8.8厘米
图案循环：经向约20.5厘米，纬向约7.8厘米
台北故宫博物院藏

104　云凤鸟纹绫

南宋　马和之：《陈风图》(*Illustrations to the Odes of Chen*)[①]
织物尺寸：纵26.7厘米，横11.8厘米
图案循环：经向约8.3厘米，纬向尺寸不明
大英博物馆藏(藏品编号：1964，0411，0.1)

　　《陈风图》卷为宋代书画作品，织物纹样取自手卷隔水部位，纹样不完整。现存画面由两只造型不同的飞凤和三只鸟组成，飞凤与鸟相间排列，花纹两排一循环。飞凤主要表现为凤眼、鸡冠头，颈部作"L"形连接；凤翅呈展开状，无足；锯齿状凤尾四到五条，飘向一侧；腹部与尾部连接处有散羽，较长，腹部为梭形。鸟纹腹部表现如凤，鸟尾三到五条。每组流云纹转折弯曲度不同，长短不一，造型不同，作为适合纹样填饰在主题纹样周围。

---

①浙江大学中国古代书画研究中心．《宋画全集》第六卷第六册 [M]．杭州：浙江大学出版社，2008.

105 云凤鸟纹绫

《潇湘卧游图》为南宋书画作品，织物纹样取自手卷天头部位。单元纹样由两只飞凤和四只鸟组成，此种二凤四鸟图案组合中，各种飞向的鸟纹增多，整体构图更加丰富、饱满、灵活。图案两排一循环，一排为向上飞的凤，一排为向下飞的凤，两飞凤之间填饰四只各种飞向的鸟纹。两排凤纹造型相似，凤眼、鸡冠头；一颈部呈"L"状，一颈部呈"Y"形；双翅展开；腹部呈梭形，腹部与尾羽连接处散羽较多，排列整齐；尾羽呈锯齿飘带状，飘向一侧。鸟纹图案化强，腹部同凤纹亦为梭形，尾羽四到五条，相对身体比例不大，双翅较大。流云纹由涡纹曲线构成，带状曲线左右两边伸出的涡纹造型基本对称，弯转回旋穿饰于主题纹样周围。

南宋 李氏，(旧传)李公麟:《潇湘卧游图》
织物尺寸：纵30.3厘米，横41.6厘米
图案循环：经向约11.8厘米，纬向约8.7厘米
日本东京国立博物馆藏(藏品编号：TA-161)

106　云凤鸟纹绫

唐:《女史箴图》(*Admonitions of the Instructress to the Court Ladies*)
织物尺寸:纵24.37厘米,横10.5厘米
图案循环:经向约7.8厘米,纬向约8.0厘米
大英博物馆藏(藏品编号:1903,0408,0.1)

　　唐代摹本《女史箴图》卷为乾隆"四美"图之一,织物纹样取自手卷隔水部位。隔水单元纹样由两只飞凤和四只鸟组成,图案两排一循环,一排为向上飞的凤,一排为向下飞的凤,两飞凤之间填饰四只各种飞向的鸟纹,造型不一的流云纹填饰在主题纹样飞凤与鸟纹周围,纹样中飞凤与鸟纹的表现较为图案化。飞凤为凤眼、鸡冠头,颈部作"Y"形连接;腹部与尾羽连接处有散羽,较长;尾羽为锯齿状,均飘向一侧,尾弯方向与凤头侧视方向相同。鸟纹腹部与凤纹腹部表现相似,由菱形表现腹部毛羽,双翅展开,尾羽多为五到六条。

107　云凤鸟纹绫

《行书楞严经旨要卷》为北宋书画作品，织物纹样取自手卷隔水部位。单元纹样由两只飞凤与四只鸟组成，飞凤头部形态表现较为简单，尾羽为飘带状，鸟纹与飞凤在腹部、双翅等部位形态的表现较为相似。涡纹线条组成的流云纹填饰在凤鸟纹周围。

北宋　王安石：《行书楞严经旨要卷》①
织物尺寸：纵29.9厘米，横10.0厘米
图案循环：经向约13.3厘米，纬向约13.6厘米
上海博物馆藏

---

①上海博物馆.《聚翰珍墨·中国日本美国藏中古古代书画艺术》第一册[M].上海：上海书画出版社，2013.

108　云凤鸟纹绫

五代—宋初　佚名，(旧传)萧照：《中兴瑞应图》卷第七幅(*Pavilion with Figures*)
织物尺寸：纵32.4厘米，横11.2厘米
图案循环：经向约8.8厘米，纬向约6.8厘米
美国大都会艺术博物馆藏(藏品编号：47.18.119)

　　《中兴瑞应图》卷第七幅为五代—宋初书画作品，织物纹样取自手卷隔水部位，手卷天头与此隔水纹样、色彩相同，副隔水纹样与此隔水造型相同，色彩不同。单元纹样由两只飞凤及四只鸟组成，鸟纹位于两只凤纹的尾部，飞凤及鸟纹表现较为图案化。花纹两排一循环，上下交错排列，流云纹填饰于主题纹样周围，图案布局较为紧密。

109　云凤鸟纹绫

五代　卫贤:《高士图》
织物尺寸:横52.5厘米,纵向尺寸不明
图案循环:尺寸不明
北京故宫博物院藏

　　《高士图》卷为五代书画作品,虽为立幅,但装裱成手卷形式,是北宋内府"宣和装",织物纹样取自手卷天头部位。纹样由飞凤、鸟纹及流云纹构成,花纹两排一循环,其中两排飞凤造型相似,一排向前飞,一排向后飞,飞凤尾羽不长,身躯表现不像其他飞凤纹多表现为梭形,形态刻画较为图案化。四只不同飞向的鸟纹分成两排填饰于上下两排凤纹之间,鸟纹表现抽象,图案化强。涡纹状的云纹造型不一,根据主题纹样周围空间,以不同的形态填饰在其周围,有的云纹单元相对较大,呈流云纹形式,有的云纹单元较小。

110　云凤鸟纹绫

北宋　李公麟：《临韦偃牧放图》
织物尺寸：纵46.2厘米，横13.3厘米
图案循环：经向约10.9厘米，纬向尺寸不明
北京故宫博物院藏

　　《临韦偃牧放图》卷为北宋书画作品，织物纹样取自手卷隔水部位。此隔水位于跋尾后，单元纹样为二凤四鸟，一凤头朝上飞，一凤头朝下飞，两飞凤造型有所不同，一尾羽为锯齿飘带状，一尾羽为卷草状，造型较为独特，腹部均为梭形，颈部为"Y"形。四只鸟形态各异，其中两只侧身向上飞，位于卷草状尾羽的凤纹上方；另两只迎头向前飞，位于凤纹下方，飞向相反。鸟身如月牙，与头部相连，有的鸟身较瘦，有的则较为肥大，此种鸟身较大的造型在云凤鸟纹绫中较为少见，尾羽均呈三条飘带状，较短。流云纹由涡纹曲线构成，造型较不规则，鸟纹周围空地相对较大。

111 莲花如意团凤纹绫

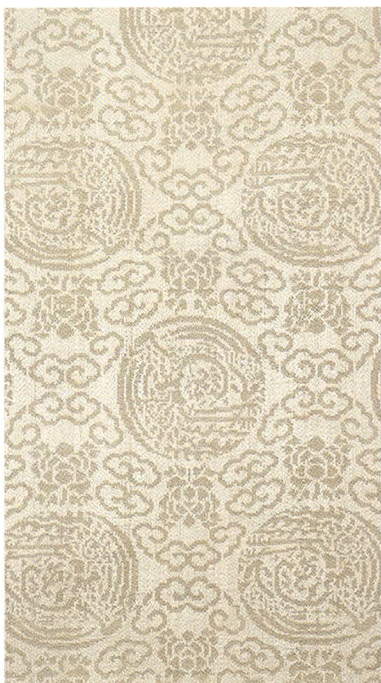

《人物故事图》卷为清代书画作品，织物纹样取自手卷副隔水部位，天头纹样与此副隔水纹样相同，色彩及织物使用方向不同。绫织物中以团凤为主题纹样的图案远不如以飞凤为主题纹样的图案数量丰富。该纹样中盘曲的凤体作为适合纹样填饰在圆形架构内，圆形中心为凤头，尾羽与凤翅以凤头为中心，逆时针旋转填饰在圆形边缘，凤足细长如鹤。团凤上方与下方为莲花纹，周围填饰如意云纹。团凤表现较为图案化，与龙纹为主题的图案"盘长如意团龙纹绫"的构图及纹样表现形式较相似。

清 佚名：《人物故事图》(*Ladies with Fans*)
织物尺寸：纵46.1厘米，横13.3厘米
图案循环：经向约13.5厘米，纬向约8.8厘米
美国大都会艺术博物馆藏(藏品编号：13.220.2)

112 云龙纹绫

元或明 佚名，(旧传)陈容：《云行雨施图》(*Dragons and Landscape*)
织物尺寸：纵44.8厘米，横55.6厘米
图案循环：经向约8.7厘米，纬向约14.1厘米
美国大都会艺术博物馆藏(藏品编号：29.100.531)

《云行雨施图》卷为元或明早期书画作品，织物纹样取自手卷天头部位，手卷一隔水与此天头纹样相同，色彩及织物使用方向不同。纹样表现较为图案化，主题纹样两排一循环，两排行龙龙头相对，造型各异的朵云纹填饰在龙纹周围，图案布局较为紧密。云纹由多种形态的小朵云组成，其中有的为双勾卷云头，较为规整，有的为单勾卷云头加云尾，有的为曲线状云尾。部分手卷天头或隔水、副隔水纹样中龙纹造型与此天头纹样中行龙形态相似，织物的使用方向不同，为升降龙造型。

113 云龙纹绫

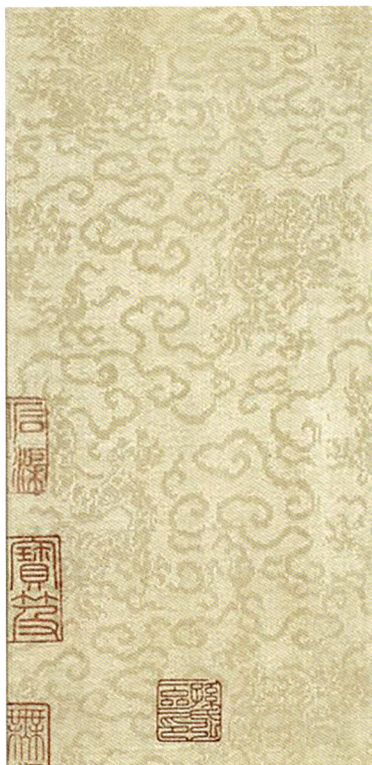

《行书台仙阁记》卷为元代书画作品，织物纹样取自手卷隔水部位。纹样以龙纹为主题，构图较为松散，花纹两排一循环，一排为升龙，一排为降龙，上下交错排列。龙纹身躯线条不连贯，龙鳞由大小不一形状各异的几何形表现。不规则朵云纹填饰在龙纹周围，朵云纹造型不一，有的为二合如意云头，有的为单个如意云头，有的为"S"形。

元 张雨：《行书台仙阁记》
织物尺寸：纵35.6厘米，横10.4厘米
图案循环：经向约13.5厘米，纬向约8.5厘米
上海博物馆藏

114　云龙纹绫

明或清　佚名，(仿)赵孟頫：《兰亭图》(*The Orchid Pavilion*)
织物尺寸：纵33.3厘米，横36.9厘米
图案循环：经向约9.6厘米，纬向约8.0厘米
美国大都会艺术博物馆藏(藏品编号：29.100.480)

　　《兰亭图》卷为明代或清代书画作品，织物纹样取自手卷天头部位。纹样表现较为图案化，龙纹造型较为不同，为三爪龙，亦称"蟒"。两眼圆睁，身躯前段短粗，尾部处细长；身上有鳞，无须髯；尾鳍大，有四条；两足，一前一后；两龙之间有一火珠。朵云纹满饰在龙纹周围，云纹造型简洁，由形状各异的"S"形涡纹线构成。

115 团龙云纹绫

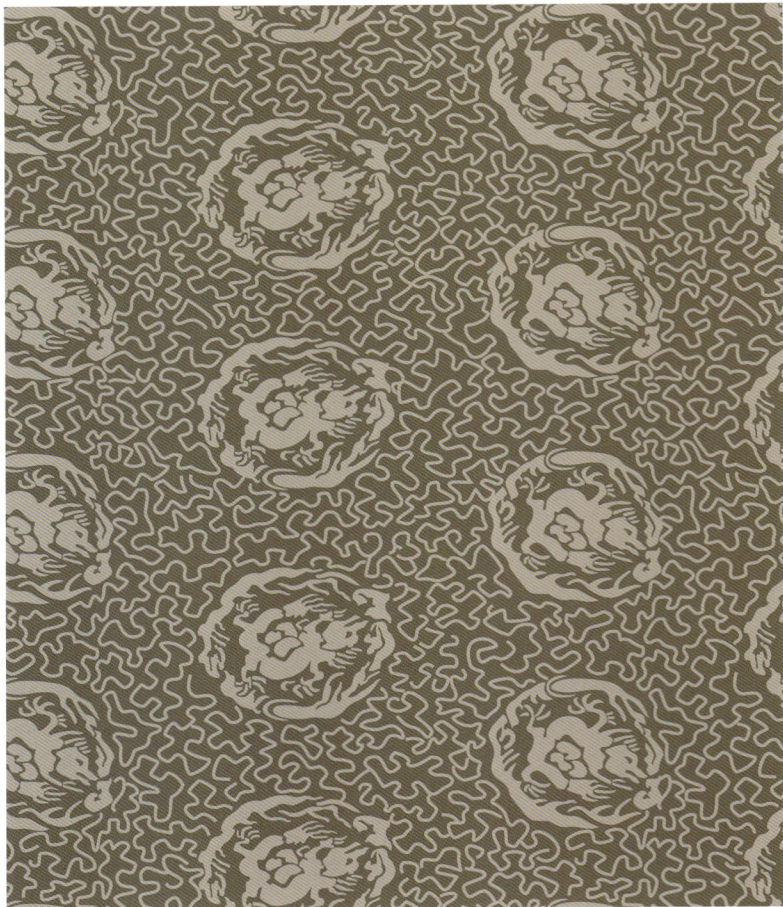

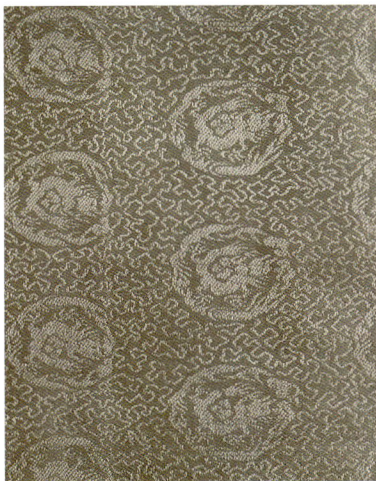

《春闺仕女图》卷为宋代书画作品，织物纹样取自手卷天头部位。纹样以团龙为主题，圆形框架由三条龙组成，其中一条大龙居于圆形中心，爪为四爪，呈爬行状，两条游龙状的小蟒构成圆形框架的外围。此种"子孙龙"图案以数量不等的大小龙构成，寓意富贵万代。两排团龙造型相似，上下交错排列；团龙周围满饰不规则朵云纹，云纹循环单元较大。云纹与团龙纹表现得均较为抽象，图案化强，此种造型的团龙云纹绫较为少见。

宋 佚名，(仿)周文矩:《春闺仕女图》(*In the Palace*)
织物尺寸：纵27.1厘米，横22.6厘米
图案循环：经向约14.1厘米，纬向约11.2厘米
美国大都会艺术博物馆藏(藏品编号：1978.4)

116　盘长如意团龙纹绫

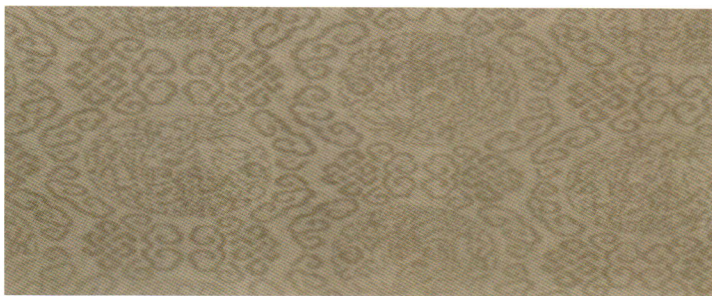

北宋　(传)李公麟:《蜀川图》(*The Shu River*)

织物尺寸:纵32.3厘米,横向尺寸不明

图案循环:尺寸不明

美国弗利尔美术馆藏(藏品编号:F1916.539)

　　《蜀川图》卷为北宋书画作品,乾隆"四美"图之一,织物纹样取自手卷天头部位。纹样由团龙、盘长、如意云头组合构成,盘长与如意云头位于团龙四周,花纹两排一循环,单元纹样上下交错排列。团龙呈侧身盘转回旋状,龙头基本位于圆形架构的中心,火珠位于龙头前方,与团龙的身躯构成闭合的圆形架构,与明清织物上的团龙纹相比,图案化更强。龙的基本形态与升降龙相似,两眼圆睁,尾鳍较长,身躯线条表现不够连续。

117　云鹤纹绫

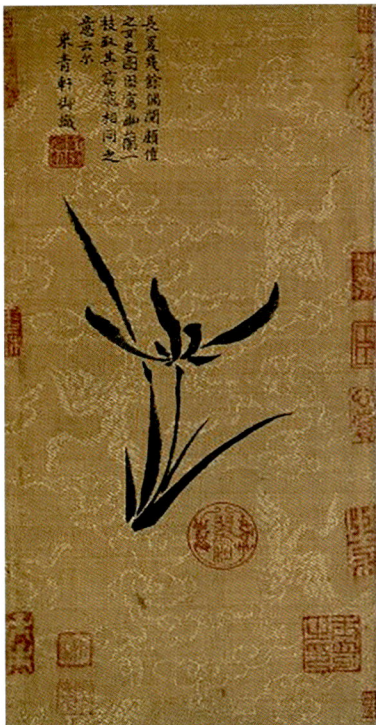

　　唐代摹本《女史箴图》卷为乾隆"四美"图之一，织物纹样取自手卷隔水部位。纹样为飞鹤与连云的组合，飞鹤表现较为细致，腹部如梭，尾羽部有散羽，颈部细长，曲颈向上、向下飞翔。连云填饰在飞鹤纹之间。每组连云由三到四个如意云头组合而成，云头之间以带状云脚相连，连云底部不以云脚结束，而是以二合如意云头做底，其中一组连云上方为变化加长的云脚。

唐　佚名，(仿)顾恺之：《女史箴图》(*Admonitions of the Instructress to the Court Ladies*)

织物尺寸：纵24.37厘米，横12.1厘米

图案循环：经向约10.5厘米，纬向约11.4厘米

大英博物馆藏

118 云鹤纹绫

北宋 赵昌:《写生蛱蝶图》
织物尺寸:纵27.7厘米,横12.9厘米
图案循环:经向约8.4厘米,纬向约7.0厘米
北京故宫博物院藏

  《写生蛱蝶图》卷为北宋书画作品,织物纹样取自手卷隔水部位。隔水纹样由飞鹤纹与流云纹构成,一排仙鹤头朝前飞,一排仙鹤反身向后飞,鹤纹半写实半图案化,双足细长,各种方向的如意云头与带状云尾组成的流云纹填饰在飞鹤纹周围。

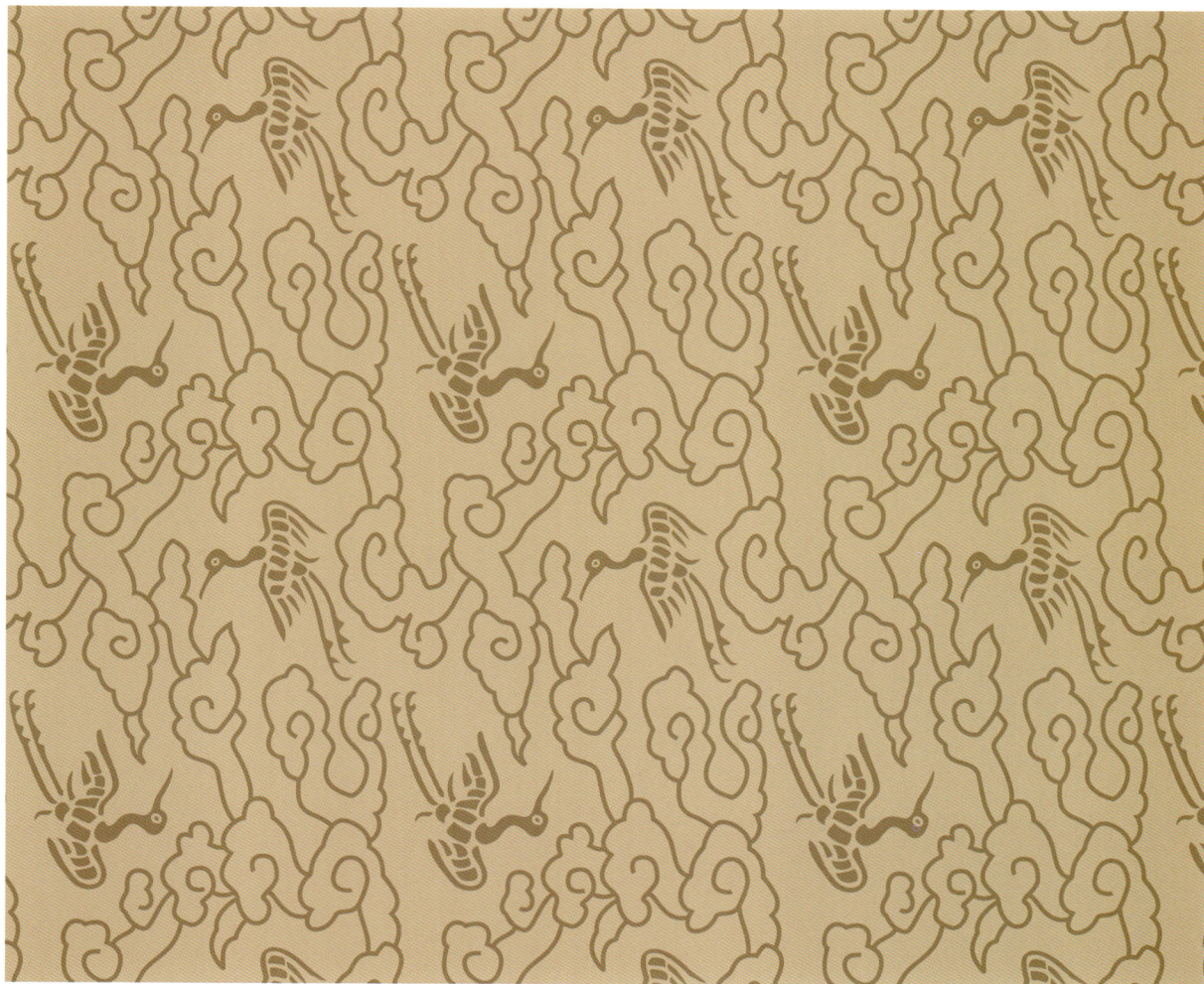

119　云鹤纹绫

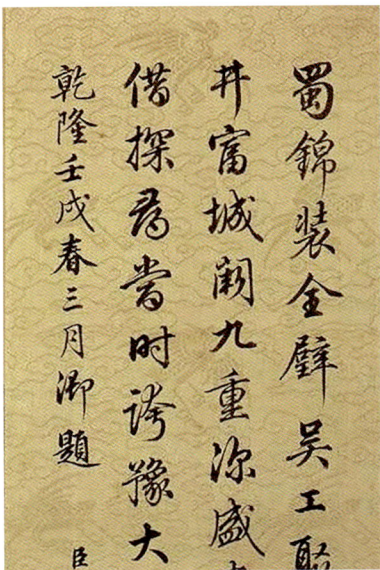

《清院本清明上河图》卷为清代书画作品，织物纹样取自隔水部位。纹样以仙鹤、云纹为主要题材，花纹两排一循环，一排为曲颈向下飞的仙鹤纹，两翅向上展开，基本重合，鹤嘴张开；一排为向上飞的仙鹤纹，转头回视，鹤嘴亦呈张开状，颈部较短，两翅张开。此种较为写实的仙鹤纹具有清代仙鹤纹图案特征。连云纹同清代"连云团寿纹妆花缎"[2]中云纹造型相似，由多个二合如意云头及单勾卷云头组合而成。每组连云纹中如意云头及连接的造型随着主题纹样的位置及形态以不同的组合形式填饰在仙鹤纹周围。

清 陈枚，孙祜，金昆，戴洪，程志道：《清院本清明上河图》
织物尺寸：纵35.6厘米，横13.5厘米
图案循环：经向约11.2厘米，纬向约9.6厘米
台北故宫博物院藏

---

②黄能馥，陈娟娟．中国丝绸科技七千年 [M]．北京：中国纺织出版社，2002：367 图 9-89.

120　云鹤纹绫

明　(仿)唐寅:《垂虹别意图》(*Farewell at the Bridge of the Hanging Rainbow*)
织物尺寸:纵29.7厘米,横12.5厘米
图案循环:经向约4.3厘米,纬向约7.0厘米
美国大都会艺术博物馆藏(藏品编号:
1989.363.53)

　　《垂虹别意图》卷为明代书画作品,织物纹样取自手卷隔水部位。纹样以飞鹤为主题,飞鹤展翅而飞,鹤嘴张开,尾部有散羽,长颈或伸或屈,两足细长为伸开状。一排飞鹤曲颈向上飞翔,一排飞鹤向下飞翔,双线勾勒的流云纹弯转回旋,填饰在主题纹样飞鹤纹周围。

121　云鹤纹绫

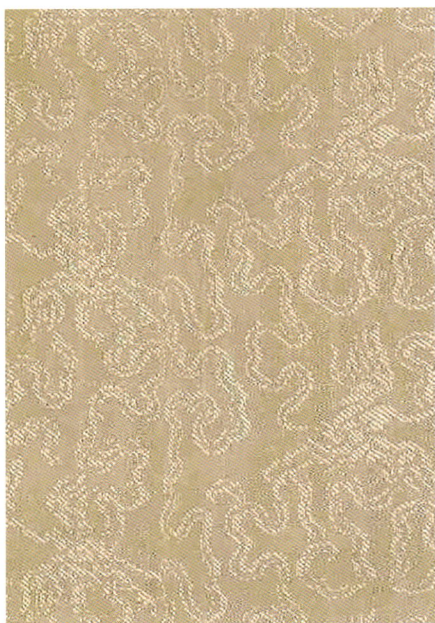

《江山秋色图》卷为宋代书画作品，织物纹样取自手卷隔水部位，手卷天头与此隔水纹样相同，色彩及织物使用方向不同。纹样以飞鹤为主题，表现较为图案化。图案两排一循环，一排为头朝下飞的鹤，一排为头朝上飞的鹤，飞鹤颈部较长，尾部有散羽，两足不长。流云纹以粗细线条表现，具有一定的立体感，填饰在飞鹤纹周围。

南宋　赵伯驹：《江山秋色图》
织物尺寸：纵55.6厘米，横15.1厘米
图案循环：经向约6.2厘米，纬向约15.1厘米
北京故宫博物院藏

122 云鹤纹绫

清 佚名，(旧传)龚开:《百老图》(*Gathering of Philosophers*)
织物尺寸：纵33.9厘米，横66.2厘米
图案循环：经向约9.0厘米，纬向约13.1厘米
美国大都会艺术博物馆藏(藏品编号：18.124.5)

　　《百老图》卷为清代书画作品，织物纹样取自手卷天头部位，手卷隔水与此天头纹样相同，色彩及织物使用方向不同。纹样由飞鹤纹与云纹组成方形单元纹样，以二二正排的布局排列而成。一飞鹤向下俯冲，一飞鹤侧身低头向上飞翔。飞鹤两翅展开，颈部较长，鹤嘴为张开状，两足一长一短，一向前弯折，一向后弯折，腹部散羽较为密实，表现写实。飞鹤纹之间填饰连云纹，连云纹根据飞鹤纹周围空间布局，造型各异、大小不一。

123　杂宝飞鹤纹绫

元　颜庚：《钟馗嫁妹图》(*The Demon Queller Zhong Kui Giving His Sister Away in Marriage*)
织物尺寸：纵30.3厘米，横49.4厘米
图案循环：经向约7.4厘米，纬向约22.5厘米
美国大都会艺术博物馆藏(藏品编号：1990.134)

　　《钟馗嫁妹图》卷为元代书画作品，织物纹样取自手卷天头部位，副隔水纹样与此天头纹样相同，色彩不同，隔水纹样与此天头纹样及色彩一样，织物使用方向不同。纹样以仙鹤、飞凤、鸟纹等动物纹及古钱、方胜、火球等杂宝纹为主要题材构成单元纹样，单元纹样纵向排列成四方连续图案。主题纹样飞鹤呈向下俯冲状，鹤口张开，颈部细长，腹部羽毛表现较为松散。

124 折枝牡丹兰花纹绫

清 程正揆:《江山卧游图》(*Dream Landscape*)
织物尺寸:纵23.2厘米,横30.1厘米
图案循环:经向尺寸不明,纬向约10.6厘米
美国大都会艺术博物馆藏(藏品编号:55.212)

　　《江山卧游图》卷为清代书画作品,织物纹样取自手卷天头部位。书画装裱用绫纹样中写实花卉纹题材使用数量较少,其中有的花卉纹单独作为主题纹样,有的相互组合共同构成装饰题材。此天头绫纹样为折枝兰花与折枝牡丹花的组合,一排为正侧面观的牡丹,花头硕大,花瓣多重,立体感强,雍容富丽;一排为花头较小的兰花,枝茎上有多朵兰花。牡丹花头的饱满与兰花枝干的纤细、花苞的娇小形成点、线、面的对比。

125 缠枝牡丹莲花纹绫

《蕉叶睡女图》卷为明代书画作品，织物纹样取自手卷隔水部位。纹样为牡丹与莲花的组合图案，为缠枝花式。此隔水纹样主茎线上的牡丹花占据画面主体，花头正侧面观呈球形，多重花瓣向内卷曲，脉纹明显，花心露有花蕊。莲花花头较小，遍布于枝条上，花头朝向左侧、右侧或下方等不同的方向，与牡丹花连接在柔美的枝条曲茎线上，形成大花均匀分布、枝条处于次要地位的图式。

明 (传)唐寅：《蕉叶睡女图》(*Beauty Sleeping on a Banana Leaf*)
织物尺寸：纵21.6厘米，横12.1厘米
图案循环：经向约8.5厘米，纬向约8.2厘米
美国大都会艺术博物馆藏(藏品编号：47.18.129)

126　曲水地穿枝海棠纹绫

元　钱选:《梨花图》(*Pear Blossoms*)
织物尺寸:纵31.3厘米，横10.2厘米
图案循环:经向约4.5厘米，纬向约4.8厘米
美国大都会艺术博物馆藏(藏品编号：1977.79)

　　《梨花图》卷为元代书画作品，织物纹样取自手卷隔水部位。纹样以穿枝花的主茎为骨架，一排点缀海棠纹，一排点缀八瓣朵花纹，填饰在曲水地纹上。主题纹样造型较小，穿枝花主茎为单线条状，与曲水地纹卍字线条粗细相近，图案层次感不强。

127　曲水地折枝菊花纹绫

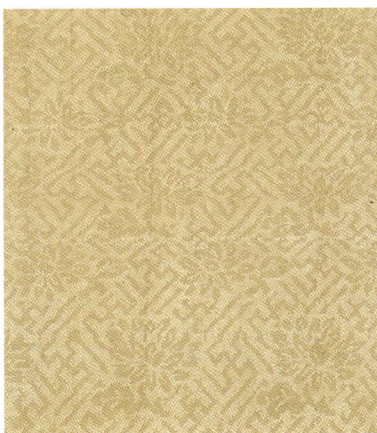

《唐苑嬉春图》卷为清代书画作品，织物纹样取自手卷隔水部位。纹样为折枝花式，折枝菊花纹上下交错填饰曲水地上。花纹四排一循环，两排菊花花头较大，里层花瓣向内卷曲，外层花瓣呈放射状，叶子在花头的左侧。两排菊花花头较小，叶子在花头的右侧。

清　佚名，(仿)朱瞻基：《唐苑嬉春图》(*Spring Play in a Tang Garden*)
织物尺寸：纵37.5厘米，横10.0厘米
图案循环：经向约9.1厘米，纬向约4.1厘米
美国大都会艺术博物馆藏(藏品编号：47.18.9)

128 曲水地灵芝花卉纹绫

五代 周文矩:《重屏会棋图》
织物尺寸:纵40.3厘米,横11.3厘米
图案循环:经向约3.3厘米,纬向约4.9厘米
北京故宫博物院藏

《重屏会棋图》卷为五代书画作品,织物纹样取自手卷隔水。纹样以折枝花和灵芝为主要题材,花纹两排一循环,一排为一大一小两朵花卉纹与枝干组成的折枝花纹,一排为灵芝纹,造型较大,两种主题纹样上下交错填饰在曲水纹地纹上。

129 折枝桃纹绫

　　《美人招凉图》立轴为明代或清代书画作品，织物纹样取自立轴的天头与地头部位。纹样以折枝寿桃纹为主要题材，单元纹样由三个桃尖向外的果实类桃构成，以散点式排列，两排一循环，上下交错排列在曲水地纹上。

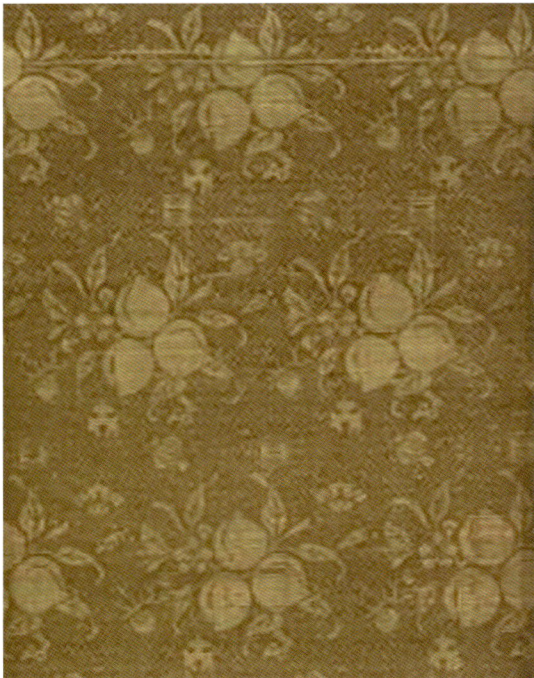

明或清 佚名，(旧传)钱选：《美人招凉图》(*A Beauty*)
织物尺寸：(天头)纵42.2厘米，横83.5厘米
　　　　　(地头)纵19.9厘米，横83.5厘米
图案循环：经向约21.8厘米，纬向约11.0厘米
美国大都会艺术博物馆藏(藏品编号：29.100.521)

130 缠枝朵花纹绫

宋 佚名，(仿)周昉:《戏婴图》(*Palace Ladies Bathing Children*)
织物尺寸:纵31.7厘米，横向尺寸不明
图案循环:经向约5.6厘米，纬向约5.7厘米
美国大都会艺术博物馆藏(藏品编号:40.148)

　　《戏婴图》卷为宋代书画作品，织物纹样取自手卷天头部位。纹样以圆形朵花为主要题材，布局为缠枝花式，此类图案类型在装裱用绫朵花纹中数量最多。纹样以缠枝花的主茎为骨架，一排点缀八瓣朵花，一排点缀五瓣朵花，朵花花瓣为不规则心形，排列较为规整。缠枝骨架以线条表现，朵花以色块表现，形成线与面的对比。

131　缠枝朵花纹绫

《鹿角双幅》卷为清代书画作品，织物纹样取自手卷隔水部位，手卷天头与另一隔水纹样与此隔水纹样相同，色彩及织物使用方向不同。纹样为缠枝花式，以波状主茎线为骨架，上下交错点缀八瓣朵花。

清 爱新觉罗·弘历:《鹿角双幅》(*Two Paintings of Deer Antlers*)
织物尺寸:纵24.8厘米，横12.2厘米
图案循环:经向约5.2厘米，纬向约6.2厘米
美国大都会艺术博物馆藏(藏品编号:13.220.127a,b)

132　几何朵花纹绫

北宋　(传)赵令穰:《江村秋晓图》(*River Village in Autumn Dawn*)
织物尺寸：纵23.7厘米，横15.0厘米
图案循环：经向约4.4厘米，纬向约5.1厘米
美国大都会艺术博物馆藏(藏品编号：1973.121.2)

　　《江村秋晓图》卷为宋代书画作品，织物纹样取自手卷隔水部位。纹样总体造型较为几何化，由造型各异的"S"形几何曲线构成，几何曲线间上下交错点缀圆形朵花纹。

133　几何花纹绫

　　《揭钵图》卷为清代书画作品，织物纹样取自手卷副隔水部位，此手卷装裱部位纹样变化丰富，天头纹样为折枝花纹绫，隔水纹样为云凤纹绫、云凤鸟纹绫。此副隔水纹样由几何朵花纹构成，花纹呈折枝散点状，造型各异，形态抽象，上下交错排列构成四方连续纹饰。

清 佚名，(旧传)赵伯驹，(仿)李公麟：《揭钵图》(*Raising the Alms-Bowl: The Conversion of Hariti*)
织物尺寸：纵27.3厘米，横8.4厘米
图案循环：经向约5.3厘米，纬向约4.0厘米
美国大都会艺术博物馆藏(藏品编号：27.24)

134　曲水地圆形填花纹绫

明或清　(传)陈淳:《山水图》(*River Landscape*)
织物尺寸:纵32.7厘米,横51.3厘米
图案循环:经向约10.8厘米,纬向约7.7厘米
美国大都会艺术博物馆藏(藏品编号:46.146)

　　《山水图》卷为明代或清代书画作品,织物纹样取自手卷天头部位。纹样为几何纹绫,以圆形填花纹为主要题材。圆形外圈由抽象花卉纹组成,内圈为左右对称的涡纹状几何形,中心为五瓣圆形朵花纹。主题纹样上下交错排列,填饰在曲水地纹上。

135 团花纹绫

《江山放牧图》为宋代书画作品，织物纹样取自手卷隔水部位。纹样以团花为主题纹样，团花以单线勾边，中间填色块的形式表现。六片花瓣为不规则心形，大小相近，花纹两排一循环，一排以圆心为中心逆时针方向旋转，一排以圆心为中心顺时针方向旋转，上下交错排列。

宋 祁序：《江山放牧图》
织物尺寸：纵47.3厘米，横17.8厘米
图案循环：经向约16.1厘米，纬向约9.4厘米
北京故宫博物院藏

136　卍字朵花纹绫

清　佚名，(仿)仇英:《清明上河图》(*Going Upriver on the Qingming Festival*)
织物尺寸：纵31.2厘米，横38.7厘米
图案循环：经向约13.1厘米，纬向约4.3厘米
美国大都会艺术博物馆藏(藏品编号：11.170)

　　《清明上河图》卷为清代书画作品，织物纹样取自手卷天头部位。纹样由朵花与卍字纹组合而成，花纹三排一循环，中间一排为卍字纹，卍字作为适合纹样填充在"W"形的几何折线中间。上下两排朵花作为适合纹样填充在"W"形折线之间，一排为八瓣朵花纹；一排朵花中心呈七个菱格纹组成的龟背形，花心上下左右为四朵抽象化莲花状花头。

137 菱格盘长纹绫

明或清 佚名，(仿)龚开：《壶天聚乐图》(*Merry Gatherings in the Magic Jar*)
织物尺寸：纵29.2厘米，横6.3厘米
图案循环：经向约5.1厘米，纬向尺寸不明
美国大都会艺术博物馆藏(藏品编号：47.18.12)

　　《壶天聚乐图》卷为明代或清代书画作品，织物纹样取自手卷隔水部位，纹样不完整。现存织物画面中盘长纹填饰在由多个菱格纹围成的菱形空地上，菱形由多个龟背纹组成，菱形上下交错排列，此类几何纹样较为少见。

138 卍字纹绫

南宋 葛长庚：《足轩铭》
织物尺寸：纵32.5厘米，横向尺寸不明
图案循环：尺寸不明
北京故宫博物院藏

　　草书《足轩铭》卷为南宋书画作品，织物纹样取自手卷隔水部位。卍字在装裱用丝绸纹样中多连接在一起构成卍字不断头纹作为地纹使用，单独作为主题纹样的图案较少，在这幅手卷隔水中，共两个卍字，字体较大，两个卍字一上一下排列，填饰在清地上。

139 龟背几何纹绫

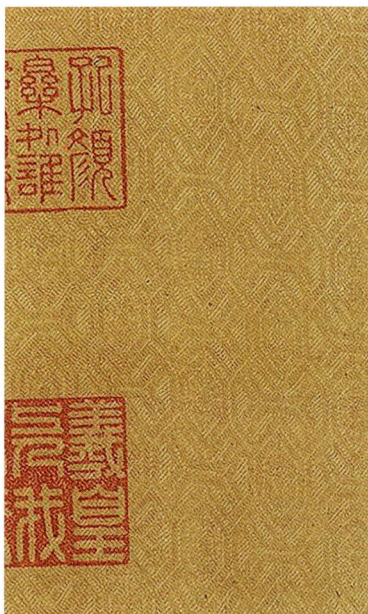

《江行初雪》卷为五代（南唐）时期书画作品，织物纹样取自手卷隔水部位。纹样以龟背纹为骨架，龟背纹上下交错排列，每排花纹中三个龟背纹一循环，其中两个中间连在一起，填饰两头为"Y"形的几何形，另一个龟背纹由单线条分割成不同形状的几何形，中心为小龟背形。

五代(南唐) 赵干：《江行初雪》
织物尺寸：纵29.5厘米，横13.8厘米
图案循环：经向约3.3厘米，纬向约3.1厘米
台北故宫博物院藏

140 鱼鳞地太极纹绫

北宋 苏轼:《寒食帖》
织物尺寸: 纵34.2厘米, 横11.8厘米
图案循环: 经向约5.6厘米, 纬向约8.5厘米
台北故宫博物院藏

《寒食帖》为宋代书画作品, 织物纹样取自手卷一隔水部位, 手卷另有云凤鸟纹绫与几何纹绫等隔水纹样。纹样地纹为鱼鳞纹, 主题纹样椭圆形内饰太极纹, 上下两两交错排列。

141 团寿古钱纹绫

《唐苑嬉春图》卷为清代书画作品，织物纹样取自手卷天头部位。纹样由团寿纹与古钱纹相间排列而成，花纹两排一循环，为二二错排布局。圆形中心为团寿纹，寿字几何化，团寿纹外圈为五只写意变形的蝙蝠，五福捧寿，寓意多福多寿。团寿纹之间为两个上下对称的缠有风带的古钱纹，亦寓意"福在眼前"。

清 佚名，(仿)朱瞻基：《唐苑嬉春图》(*Spring Play in a Tang Garden*)
织物尺寸：纵39.5厘米，横向尺寸不明
图案循环：经向约11.9厘米，纬向约9.7厘米
美国大都会艺术博物馆藏(藏品编号：47.18.9)

142 莲花童子纹绫

清 王时敏:《仿黄公望山水图》(*Landscape in the Style of Huang Gongwang*)
织物尺寸:纵向尺寸不明,横71.8厘米
图案循环:尺寸不明
美国大都会艺术博物馆藏(藏品编号:1980.426.2)

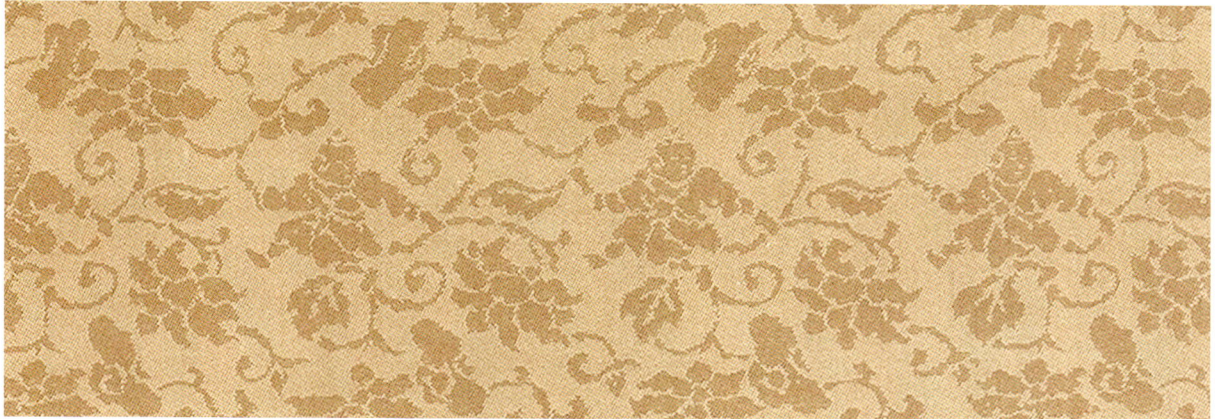

　　《仿黄公望山水图》立轴为清代书画作品,织物纹样取自立轴天头、地头部位。童子题材在装裱用丝绸纹样中较为少见,在服用丝绸织物中,童子常与莲花一起构成图案,莲为"多子植物",与童子构成图案有祈求子孙兴旺的吉祥意义。纹样中向前奔跑的童子手执莲茎转头回望,在缠枝莲花中嬉戏。童子较为写实,形态逼真,莲花一排为正面观,一排花头朝下,呈侧面观。

文物图片来源（数字为本书纹样编号）

北京故宫博物院 50，92，98，109，110，118，121，128，135，138

美国大都会艺术博物馆 1—49，51—72，74，76—91，96，108，111，112，114，115，120，122—127，129—134，136，137，141，142

美国弗利尔美术馆 116

美国圣路易斯艺术博物馆 97

日本东京国立博物馆 73，105

上海博物馆 102，107，113

台北故宫博物院 75，95，101，103，119，139，140

大英博物馆 93，94，100，104，106，117

中国国家博物馆 99

后 记

从 2011 年我的博士导师赵丰先生提议我做古书画装裱所用织物研究这个课题，到本书的出版，已六年有余，可谓是收获良多。本书是我的博士论文《中国古书画装裱丝绸研究》的部分重要研究成果，亦是国家科技支撑计划课题"中国丝绸文物分析与设计素材再造关键技术研究与应用"项目子课题的研究成果。

中国古代书画装裱所用丝绸材料在织物品种、图案、色彩及使用规律等方面具有一定的独特性。由于书画装裱的特殊性，原装裱多不复存在，因此，对于装裱丝绸织物年代的鉴定较为困难。

书画装裱所用丝绸材料主要有锦、绫及缂丝三种，纹样类型丰富，本书主要涉及锦、绫两部分纹样类型。

本书的资料收集工作较为重要，原始图片资料主要来源于中国、美国、英国、日本等世界各地博物馆的官方网站，为我的写作提供了大量的资料与便利，在此表示感谢。在采集信息的过程中我对古书画作品中的手卷、立轴、册页等多种书画形制的装裱形式、不同装裱部位所采用的丝绸品种、纹样类型、色彩配置等有了或深或浅的了解与学习，对有些原装裱的丝绸纹样类型及年代鉴定等方面进行了较为深入和详细的研究。

本书对收集到的大量传世书画作品上的装裱丝绸纹样图片进行了归纳与整理，最终制成三百多张卡片，经过分析研究，从中挑出具有复原价值的纹样，进行复原。

本书部分复原图初稿绘制由东华大学研究生朱意等同学承担，感谢她们的辛苦付出。我参与了本书全部复原图的绘制与最终图片的修正，由于多数原始图片较为模糊不清，纹样的复原工作较为艰辛，最后精选出 142 幅锦绫复原纹样出版，愿此书能为书画装裱丝绸纹样设计领域提供一些基础资料。

我要特别感谢的是赵丰老师，引领我进入丝绸研究这个学术领域。感谢袁宣萍老师对本书稿的修改与建议，感谢在课题进行过程中给予我无私帮助的各位老师、同学、朋友，感谢我的家人给予我的支持。正是由于你们的付出与帮助，才为本书的撰写奠定了基础，在此一并感谢！

最后，我要感谢支持出版本书的浙江大学出版社，感谢编辑包灵灵女士的辛勤劳动。

顾春华

2017 年 10 月于芜湖

图书在版编目（CIP）数据

中国古代丝绸设计素材图系. 装裱锦绫卷 / 顾春华
著. — 杭州 ： 浙江大学出版社，2017.10（2023.6重印）

ISBN 978-7-308-17431-2

Ⅰ. ①中… Ⅱ. ①顾… Ⅲ.①古丝绸—丝织工艺—中
国—图集 Ⅳ. ①K876.9-64②TS145.3-64

中国版本图书馆CIP数据核字（2017）第231352号

中国古代丝绸设计素材图系·装裱锦绫卷

顾春华　著

策　　划　包灵灵　张　琛
责任编辑　包灵灵
责任校对　董　唯
封面设计　赵　帆　续设计
出版发行　浙江大学出版社
　　　　　（杭州市天目山路148号　邮政编码 310007）
　　　　　（网址：http://www.zjupress.com）
排　　版　杭州林智广告有限公司
印　　刷　浙江海虹彩色印务有限公司
开　　本　889mm×1194mm　1/16
印　　张　11
字　　数　150千
版 印 次　2017年10月第1版　2023年6月第3次印刷
书　　号　ISBN 978-7-308-17431-2
定　　价　188.00元